W0291479

EXHORTATION APOSTOLIQUE
POST-SYNODALE

SACRAMENTUM CARITATIS

DU PAPE

BENOÎT XVI

AUX ÉVÊQUES, AUX PRÊTRES, AUX DIACRES
AUX PERSONNES CONSACRÉES
ET AUX FIDÈLES LAÏCS

SUR L'EUCHARISTIE
SOURCE ET SOMMET DE LA VIE
ET DE LA MISSION DE L'ÉGLISE

LIBRERIA EDITRICE VATICANA

Sur la couverture:

Calice avec l'Hostie (détail), Basilique Saint-Pierre,
Voûte de la Chapelle du Saint-Sacrement.
Avec l'aimable autorisation de la Fabrique de Saint-Pierre,
Cité du Vatican.

© Copyright 2007 – Libreria Editrice Vaticana – 00120 Città del Vaticano
Tel. 06.698.85003 – Fax 06.698.84716

ISBN 978-88-209-7913-3

www.libreriaeditricevaticana.com

TYPOGRAPHIE VATICANE

INTRODUCTION

1. Sacrement de l'amour,[1] la sainte Eucharistie est le don que Jésus Christ fait de lui-même, nous révélant l'amour infini de Dieu pour tout homme. Dans cet admirable Sacrement se manifeste l'amour « le plus grand », celui qui pousse « à donner sa vie pour ses amis » (*Jn* 15, 13). En effet, Jésus « les aima jusqu'au bout » (*Jn* 13, 1). Par cette expression, l'Évangéliste introduit le geste d'humilité infinie accompli par Jésus: avant de mourir pour nous sur la croix, se nouant un linge à la ceinture, il lave les pieds de ses disciples. De la même manière, dans le Sacrement de l'Eucharistie, Jésus continue de nous aimer « jusqu'au bout », jusqu'au don de son corps et de son sang. Quel émerveillement dut saisir le cœur des disciples face aux gestes et aux paroles du Seigneur au cours de la Cène! Quelle merveille doit susciter aussi dans notre cœur le Mystère eucharistique!

[1] Cf. S. Thomas d'Aquin, *Somme théologique* III, q. 73, a. 3.

2. Dans le Sacrement de l'autel, le Seigneur vient à la rencontre de l'homme, créé à l'image et à la ressemblance de Dieu (cf. *Gn* 1, 27), se faisant son compagnon de route. En effet, dans ce Sacrement, le Seigneur se fait nourriture pour l'homme assoiffé de vérité et de liberté. Puisque seule la vérité peut nous rendre vraiment libres (cf. *Jn* 8, 36), le Christ se fait pour nous nourriture de Vérité. Avec une profonde connaissance de la réalité humaine, saint Augustin a mis en évidence que l'homme se meut spontanément, et non sous la contrainte, quand il se trouve en relation avec ce qui l'attire et ce qui suscite en lui du désir. S'interrogeant alors sur ce qui peut en dernier ressort mouvoir l'homme au plus profond de lui-même, le saint Évêque s'exclame: « Qu'est-ce que l'âme désire avec plus de force que la Vérité? ».[2] Tout homme porte en effet en lui le désir inextinguible de la vérité, ultime et définitive. C'est pourquoi le Seigneur Jésus, « le Chemin, la Vérité et la Vie » (*Jn* 14, 6), s'adresse au cœur désirant de l'homme, qui se sent pèlerin et assoiffé, au cœur qui aspire ardemment à la source de la vie, au cœur quêtant la Vérité. En effet, Jésus Christ est la Vérité faite

[2] *In Iohannis Evangelium Tractatus*, 26.5: *PL* 35, 1609; *Études augustiniennes*, n. 72 (1988), p. 497.

Personne, qui attire le monde à soi. «Jésus est l'étoile polaire de la liberté humaine: sans Lui elle perd son orientation, puisque, sans la connaissance de la vérité, la liberté se dénature, s'isole et se réduit à un arbitraire stérile. Avec Lui, la liberté se retrouve».[3] Dans le Sacrement de l'Eucharistie, Jésus nous montre en particulier *la vérité de l'amour*, qui est l'essence même de Dieu. C'est cette vérité évangélique qui intéresse tout homme et tout l'homme. Par conséquent, l'Église, qui trouve dans l'Eucharistie son centre vital, s'engage sans cesse à annoncer à tous, *à temps et à contretemps* (cf. *2 Tm* 4, 2), que Dieu est amour.[4] C'est justement parce que le Christ s'est fait pour nous nourriture de la Vérité que l'Église s'adresse à l'homme, l'invitant à accueillir librement le don de Dieu.

Le développement du rite eucharistique

3. En regardant l'histoire bimillénaire de l'Église de Dieu, guidée par l'action sage de l'Esprit Saint, nous admirons, pleins de gratitude, le développement, ordonné dans le temps, des formes ri-

[3] Benoît XVI, *Discours aux participants à l'Assemblée plénière de la Congrégation pour la Doctrine de la Foi* (10 février 2006): *AAS* 98 (2006), p. 255; *La Documentation catholique* 103 (2006), p. 310.

[4] Cf. Benoît XVI, *Discours aux Membres du Conseil ordinaire du Secrétariat général du Synode des Évêques* (1er juin 2006): *L'Osservatore Romano* (2 juin 2006), p. 5.

tuelles par lesquelles nous faisons mémoire de l'événement de notre salut. Depuis les multiples formes des premiers siècles, qui resplendissent encore dans les rites des antiques Églises d'Orient, jusqu'à la diffusion du rite romain; depuis les indications claires du Concile de Trente et du Missel de saint Pie V jusqu'au renouveau liturgique voulu par le Concile Vatican II: à chaque étape de l'histoire de l'Église, la célébration eucharistique, en tant que source et sommet de la vie et de la mission de l'Église, resplendit de toute sa richesse multiforme dans le rite liturgique. La XIe Assemblée générale ordinaire du Synode des Évêques, qui s'est déroulée du 2 au 23 octobre 2005 au Vatican, a exprimé en regard de cette histoire un profond remerciement à Dieu, reconnaissant que l'Esprit Saint la guide activement. Les Pères synodaux ont en particulier constaté et rappelé l'influence bénéfique que la réforme liturgique réalisée à partir du Concile œcuménique Vatican II a eue pour la vie de l'Église.[5] Le Synode des Évêques a eu la possibilité d'évaluer la réception de cette réforme après les assises conciliaires. Les appréciations ont été nombreuses. Les difficultés et aussi certains abus qui ont été relevés ne peuvent pas masquer, a-t-il été affirmé, que le renouveau liturgique, qui contient encore des richesses qui n'ont pas été pleinement explorées,

[5] Cf. Proposition 2.

est bon et valable. Concrètement, il s'agit de lire les changements voulus par le Concile à l'intérieur de l'unité qui caractérise le développement historique du rite lui-même, sans introduire de ruptures artificielles.[6]

Le Synode des Évêques et l'Année de l'Eucharistie

4. Il est en outre nécessaire de souligner la relation entre le récent Synode des Évêques sur l'Eucharistie et ce qui s'est produit au cours des dernières années dans la vie de l'Église. Nous devons avant tout nous reporter en pensée au Grand Jubilé de l'an 2000, par lequel mon bien-aimé prédécesseur, le Serviteur de Dieu Jean-Paul II, a fait entrer l'Église dans le troisième millénaire chrétien. L'Année jubilaire a été sans aucun doute marquée par une tonalité fortement eucharistique. On ne peut oublier non plus que le Synode des Évêques a été précédé, et aussi en un sens préparé, par l'Année de l'Eucharistie, voulue avec une grande clairvoyance par Jean-Paul II pour l'Église tout entière. Cette période, qui a débuté par le Congrès eucharistique international de Guadalajara en octobre 2004, s'est achevée le 23 oc-

[6] Je me réfère ici à la nécessité d'une herméneutique de la continuité, en faisant aussi référence à une lecture correcte du développement liturgique après le Concile Vatican II: cf. mon *Discours à la Curie romaine* (22 décembre 2005): *AAS* 98 (2006), pp. 45-53; *La Documentation catholique* 103 (2006), pp. 59-63.

tobre 2005, au terme de la XIe assemblée synodale, avec la canonisation de cinq Bienheureux, qui se sont particulièrement distingués par leur piété eucharistique: l'Évêque Józef Bilczewski, les prêtres Gaetano Catanoso, Zygmunt Gorazdowski et Alberto Hurtado Cruchaga, et le religieux capucin Felice da Nicosia. Grâce aux enseignements proposés par le Pape Jean-Paul II dans la Lettre apostolique *Mane nobiscum Domine*[7] et aux suggestions précieuses de la Congrégation pour le Culte divin et la Discipline des Sacrements,[8] nombreuses furent les initiatives prises par les diocèses et les différentes réalités ecclésiales pour réveiller et accroître chez les fidèles la foi eucharistique, pour améliorer la beauté des célébrations et promouvoir l'adoration eucharistique, pour encourager une solidarité active qui, à partir de l'Eucharistie, rejoint les plus nécessiteux. Il est enfin nécessaire de mentionner l'importance de la dernière Encyclique de mon vénéré prédécesseur, *Ecclesia de Eucharistia*,[9] par laquelle il nous a laissé une référence magistérielle

[7] *AAS* 97 (2005), pp. 337-352; *La Documentation catholique* 101 (2004), pp. 919-928.

[8] Cf. Congrégation pour le Culte divin et la Discipline des Sacrements, *Année de l'Eucharistie: suggestions et propositions* (15 octobre 2004): *L'Osservatore Romano* (15 octobre 2004), Supplément.

[9] Cf. *AAS* 95 (2003), pp. 433-475; *La Documentation catholique* 100 (2003), pp. 368-390. On se rappellera aussi l'Instruction de la Congrégation pour le Culte divin et la Discipline des Sacrements, *Redemptionis Sacramentum* (25 mars 2004): *AAS* 96 (2004), pp. 549-601, voulue expressément par Jean-Paul II.

sûre concernant la doctrine eucharistique et un ultime témoignage sur la place centrale que ce divin Sacrement occupait dans son existence.

Finalité de la présente Exhortation

5. Cette Exhortation apostolique post-synodale a pour but de reprendre la richesse multiforme de réflexions et de propositions apparues dans la récente Assemblée générale ordinaire du Synode des Évêques – à partir des *Lineamenta* jusqu'aux *Propositiones*, en passant par l'*Instrumentum laboris*, les *Relationes ante et post-disceptationem*, les interventions des Pères synodaux, des *auditores* et des délégués fraternels –, dans l'intention de développer certaines lignes fondamentales d'engagement, destinées à raviver dans l'Église un nouvel élan et une nouvelle ferveur eucharistiques. Conscient du vaste patrimoine doctrinal et disciplinaire amassé au cours des siècles sur ce Sacrement,[10] et accueillant

[10] Seulement pour rappeler les principales: CONC. ŒCUM. DE TRENTE, *Doctrina et canones de ss. Missae sacrificio*, *DS* 1738-1759; LÉON XIII, Encycl. *Mirae caritatis* (28 mai 1902): *ASS* (1903), pp. 115-136; PIE XII, Encycl. *Mediator Dei* (20 novembre 1947): *AAS* 39 (1947), pp. 521-595; *La Documentation catholique* 45 (1948), col. 195-251; PAUL VI, Encycl. *Mysterium fidei* (3 septembre 1965): *AAS* 57 (1965), pp. 753-774; *La Documentation catholique* 62 (1965), col. 1634-1651; JEAN-PAUL II, Encycl. *Ecclesia de Eucharistia* (17 avril 2003): *AAS* 95 (2003), pp. 433-475; *La Documentation catholique* 100 (2003), pp. 368-390; CONGRÉGATION POUR LE CULTE DIVIN ET LA DISCIPLINE DES SACREMENTS, Instr. *Eu-*

le souhait des Pères synodaux,[11] je désire surtout recommander dans le présent document que le peuple chrétien approfondisse la relation entre le *Mystère eucharistique*, *l'action liturgique* et *le nouveau culte spirituel* qui vient de l'Eucharistie, en tant que *sacrement de l'amour*. Dans cette perspective, j'entends mettre la présente Exhortation en relation avec ma première Encyclique *Deus caritas est*, dans laquelle j'ai parlé à plusieurs reprises du sacrement de l'Eucharistie pour souligner son rapport à l'amour chrétien, en référence soit à Dieu soit au prochain: « Le Dieu incarné nous attire tous à lui. À partir de là, on comprend maintenant comment *agapè* est alors devenue aussi un nom de l'Eucharistie: dans cette dernière, l'*agapè* de Dieu vient à nous corporellement pour continuer son œuvre en nous et à travers nous ».[12]

charisticum mysterium (25 mai 1967): *AAS* 59 (1967), pp. 539-573; *La Documentation catholique* 64 (1967), col. 1091-1122; Instr. *Liturgiam authenticam* (28 mars 2001): *AAS* 93 (2001), pp. 685-726; *La Documentation catholique* 98 (2001), pp. 684-703.

[11] Cf. Proposition 1.

[12] N. 14: *AAS* 98 (2006), p. 229; *La Documentation catholique* 103 (2006), p. 173.

PREMIÈRE PARTIE

EUCHARISTIE, MYSTÈRE À CROIRE

« L'œuvre de Dieu, c'est que vous croyiez en Celui qu'il a envoyé » (*Jn* 6, 29)

La foi eucharistique de l'Église

6. «*Il est grand le mystère de la foi!*». Par cette expression, prononcée immédiatement après les paroles de la consécration, le prêtre proclame le mystère qui est célébré et il manifeste son émerveillement devant la conversion substantielle du pain et du vin en corps et sang du Seigneur Jésus, réalité qui dépasse toute compréhension humaine. L'Eucharistie est en effet «le mystère de la foi» par excellence: «Elle est le résumé et la somme de notre foi».[13] La foi de l'Église est essentiellement une foi eucharistique et elle se nourrit de manière particulière à la table de l'Eucharistie. La foi et les sacrements sont deux aspects complémentaires de la vie ecclésiale. Suscitée par l'annonce de la Parole

[13] *Catéchisme de l'Église catholique*, n. 1327.

de Dieu, la foi est nourrie et elle grandit par la rencontre de grâce avec le Seigneur ressuscité qui se réalise dans les sacrements: « La foi s'exprime dans le rite et le rite renforce et fortifie la foi ».[14] C'est pourquoi le Sacrement de l'autel est toujours au centre de la vie ecclésiale: « Grâce à l'Eucharistie, l'Église renaît sans cesse de nouveau! ».[15] Plus vive est la foi eucharistique dans le peuple de Dieu, plus profonde est sa participation à la vie ecclésiale par l'adhésion convaincue à la mission que le Christ a confiée à ses disciples. L'histoire de l'Église elle-même en est témoin. Toute grande réforme est liée, d'une certaine manière, à la redécouverte de la foi en la présence eucharistique du Seigneur au milieu de son peuple.

Sainte Trinité et Eucharistie

Le pain descendu du ciel

7. La première réalité de la foi eucharistique est le mystère même de Dieu, amour trinitaire. Dans le dialogue entre Jésus et Nicodème, nous trouvons une expression lumineuse à ce propos: « Dieu a tant aimé le monde qu'il a donné son Fils

[14] Proposition 16.

[15] Benoît XVI, *Homélie à l'occasion de la prise de possession de sa chaire en la basilique Saint-Jean-de-Latran* (7 mai 2005): *AAS* 97 (2005), p. 752; *La Documentation catholique* 102 (2005), p. 559.

unique: ainsi tout homme qui croit en lui ne périra pas, mais il obtiendra la vie éternelle. Car Dieu a envoyé son Fils dans le monde, non pas pour juger le monde, mais pour que, par lui, le monde soit sauvé» (*Jn* 3, 16-17). Ces paroles montrent la racine première du don de Dieu. Jésus, dans l'Eucharistie, donne non pas «quelque chose» mais se donne lui-même; il offre son corps et il verse son sang. De cette manière, il donne la totalité de son existence, révélant la source originaire de cet amour. Il est le Fils éternel donné pour nous par le Père. Dans l'Évangile, nous écoutons encore Jésus qui, après avoir rassasié la foule par la multiplication des pains et des poissons, dit à ses interlocuteurs qui l'avaient suivi jusqu'à la synagogue de Capharnaüm: «C'est mon Père qui vous donne le vrai pain venu du ciel. Le pain de Dieu, c'est celui qui descend du ciel et qui donne la vie au monde» (*Jn* 6, 32-33), et il en vient à s'identifier lui-même, sa chair et son sang, avec ce pain: «Moi, je suis le pain vivant, qui est descendu du ciel: si quelqu'un mange de ce pain, il vivra éternellement. Le pain que je donnerai, c'est ma chair, donnée pour que le monde ait la vie» (*Jn* 6, 51). Jésus se manifeste ainsi comme le pain de la vie, que le Père éternel donne aux hommes.

Don gratuit de la Sainte Trinité

8. Dans l'Eucharistie se révèle le dessein d'amour qui guide toute l'histoire du salut (cf.

Ep 1, 10; 3, 8-11). En elle, le *Deus Trinitas*, qui en lui-même est amour (cf. *1 Jn* 4, 7-8), s'engage pleinement avec notre condition humaine. Dans le pain et le vin, sous les apparences desquelles le Christ se donne à nous à l'occasion du repas pascal (cf. *Lc* 22, 14-20; *1 Co* 11, 23-26), c'est la vie divine tout entière qui nous rejoint et qui participe à nous sous la forme du Sacrement. Dieu est communion parfaite d'amour entre le Père, le Fils et l'Esprit Saint. Déjà dans la création l'homme est appelé à partager d'une certaine manière le souffle vital de Dieu (cf. *Gn* 2, 7). Mais c'est dans le Christ mort et ressuscité et dans l'effusion de l'Esprit Saint, donné sans compter (cf. *Jn* 3, 34), que nous sommes rendus participants de l'intimité divine.[16] Par conséquent, Jésus Christ, qui, « poussé par l'Esprit éternel, (...) s'est offert lui-même à Dieu comme une victime sans tache » (*He* 9, 14), nous communique dans le don eucharistique la vie divine elle-même. Il s'agit d'un don absolument gratuit, qui répond seulement aux promesses de Dieu, accomplies au-delà de toute mesure. L'Église accueille, célèbre, adore ce don dans une fidèle obéissance. Le « mystère de la foi » est mystère d'amour trinitaire, auquel nous sommes appelés à participer par grâce. Nous devons par conséquent nous aussi

[16] Cf. Proposition 4.

nous exclamer avec saint Augustin: «Si tu vois l'amour, tu vois la Trinité».[17]

Eucharistie: Jésus véritable Agneau immolé

La nouvelle et éternelle alliance dans le sang de l'Agneau

9. La mission pour laquelle Jésus est venu parmi nous s'accomplit dans le Mystère pascal. Du haut de la croix, d'où il attire à lui tous les hommes (cf. *Jn* 12, 32), il dit, avant de «remettre son Esprit»: «Tout est accompli» (*Jn* 19, 30). Dans le mystère de son obéissance jusqu'à la mort, et à la mort de la croix (cf. *Ph* 2, 8), s'est accomplie la nouvelle et éternelle alliance. La liberté de Dieu et la liberté de l'homme se sont définitivement rencontrées dans sa chair crucifiée en un pacte indissoluble, valable pour toujours. Même le péché de l'homme a été expié une fois pour toutes par le Fils de Dieu (cf. *He* 7, 27; *1 Jn* 2, 2; 4, 10). Comme j'ai déjà eu l'occasion de l'affirmer, «dans sa mort sur la croix s'accomplit le retournement de Dieu contre lui-même, dans lequel il se donne pour relever l'homme et le sauver – tel est l'amour dans sa forme la plus radicale».[18] Dans le Mystère pascal

[17] *De Trinitate*, VIII, 8, 12: *CCL* 50, 287.

[18] Encycl. *Deus caritas est* (25 décembre 2005), n. 12 : *AAS* 98 (2006), p. 228; *La Documentation catholique* 103 (2006), p. 172.

s'est véritablement réalisée notre libération du mal et de la mort. Au cours de l'institution de l'Eucharistie, Jésus lui-même avait parlé de la « nouvelle et éternelle alliance » scellée dans son sang versé (cf. *Mt* 26, 28; *Mc* 14, 24; *Lc* 22, 20). Cette fin ultime de sa mission était déjà bien évidente au début de sa vie publique. En effet, lorsque, sur les rives du Jourdain, Jean le Baptiste voit Jésus venir à lui, il s'exclame: « Voici l'Agneau de Dieu, qui enlève le péché du monde » (*Jn* 1, 29). Il est significatif que la même expression revienne, chaque fois que nous célébrons la Messe, dans l'invitation faite par le prêtre à s'approcher de l'autel: « Heureux les invités au repas du Seigneur! Voici l'*Agneau de Dieu* qui enlève le péché du monde ». Jésus est le *véritable* agneau pascal qui s'est spontanément offert lui-même en sacrifice pour nous, réalisant ainsi la nouvelle et éternelle alliance. L'Eucharistie contient en elle cette nouveauté radicale, qui se propose de nouveau à nous dans chaque célébration.[19]

L'institution de l'Eucharistie

10. De cette manière, nous sommes invités à réfléchir sur l'institution de l'Eucharistie au cours de la dernière Cène. Cela se produit dans le contexte d'un repas rituel qui constituait le mé-

[19] Cf. Proposition 3.

morial de l'événement fondateur du peuple d'Israël: la libération de l'esclavage en Égypte. Ce repas rituel, lié à l'immolation des agneaux (cf. *Ex* 12, 1-28.43-51), était la mémoire du passé, mais en même temps cette mémoire était aussi prophétique, c'est-à-dire annonce d'une libération future. En effet, le peuple avait fait l'expérience du fait que cette libération n'avait pas été définitive, parce que son histoire était encore trop marquée par l'esclavage et par le péché. Le mémorial de l'antique libération s'ouvrait ainsi à la question et à l'attente d'une sagesse plus profonde, plus radicale, plus universelle et plus définitive. C'est dans ce contexte que Jésus introduit la nouveauté de son offrande. Dans la prière de louange, la *Berakah*, il ne remercie pas le Père uniquement pour les événements de l'histoire passée, mais aussi pour son « exaltation ». En instituant le sacrement de l'Eucharistie, Jésus anticipe et intègre le Sacrifice de la croix et la victoire de la résurrection. Dans le même temps, il se révèle comme le *véritable* agneau immolé, prévu dans le dessein du Père dès avant la création du monde, ainsi qu'il est écrit dans la première Lettre de Pierre (cf. 1, 18-20). En situant l'offrande de lui-même dans ce contexte, Jésus rend manifeste la signification salvifique de sa mort et de sa résurrection, mystère qui devient ainsi une réalité qui renouvelle l'histoire et le cosmos tout entier. L'institution de l'Eucharistie montre en effet que cette mort, en soi violente et absurde, est devenue en Jésus un acte suprême d'amour et pour l'humanité une libération définitive du mal.

Figura transit in veritatem

11. De cette façon, Jésus insère son *novum* radical au sein de l'antique repas sacrificiel juif. Pour nous chrétiens, il n'est plus nécessaire de répéter ce repas. Comme le disent justement les Pères, *figura transit in veritatem*: ce qui annonçait les réalités futures a désormais laissé place à la vérité elle-même. L'ancien rite s'est accompli et il est définitivement dépassé à travers l'offrande d'amour du Fils de Dieu incarné. La nourriture de la vérité, le Christ immolé pour nous, *dat figuris terminum*.[20] Par son commandement « Faites cela en mémoire de moi » (*Lc* 22, 19; *1 Co* 11, 25), il nous demande de correspondre à son offrande et de la représenter sacramentellement. Par ces paroles, le Seigneur exprime donc, pour ainsi dire, le désir que son Église, née de son sacrifice, accueille ce don, développant, sous la conduite de l'Esprit Saint, la forme liturgique du Sacrement. En effet, le mémorial de son offrande parfaite ne consiste pas dans la simple répétition de la dernière Cène, mais précisément

[20] Bréviaire romain, *Hymne de l'Office des Lectures de la Solennité du Saint-Sacrement du Corps et du Sang du Christ.*

dans l'Eucharistie, c'est-à-dire dans la nouveauté radicale du culte chrétien. Jésus nous a ainsi laissé la mission d'entrer dans son « heure ». « L'Eucharistie nous attire dans l'acte d'offrande de Jésus. Nous ne recevons pas seulement le *Logos* incarné de manière statique, mais nous sommes entraînés dans la dynamique de son offrande ».[21] Il « nous attire en lui ».[22] La conversion substantielle du pain et du vin en son corps et en son sang met dans la création le principe d'un changement radical, comme une sorte de « fission nucléaire », pour utiliser une image qui nous est bien connue, portée au plus intime de l'être, un changement destiné à susciter un processus de transformation de la réalité, dont le terme ultime sera la transfiguration du monde entier, jusqu'au moment où Dieu sera tout en tous (cf. *1 Co* 15, 28).

L'Esprit Saint et l'Eucharistie

Jésus et l'Esprit Saint

12. Par sa parole et par le pain et le vin, le Seigneur lui-même nous a offert les éléments es-

[21] Benoît XVI, Encycl. *Deus caritas est* (25 décembre 2005), n. 13: *AAS* 98 (2006), p. 228; *La Documentation catholique* 103 (2006), p. 172.

[22] Benoît XVI, *Homélie sur l'esplanade de Marienfeld* (21 août 2005): *AAS* 97 (2005), p. 892; *La Documentation catholique* 102 (2005), p. 910.

sentiels du culte nouveau. L'Église, son Épouse, est appelée à célébrer le banquet eucharistique jour après jour en mémoire de lui. Elle inscrit ainsi le sacrifice rédempteur de son Époux dans l'histoire des hommes et elle le rend présent sacramentellement dans toutes les cultures. Ce grand mystère est célébré dans les formes liturgiques que l'Église, sous la conduite de l'Esprit Saint, développe dans le temps et dans l'espace.[23] À ce propos, il est nécessaire de réveiller en nous la conscience du rôle décisif exercé par l'Esprit Saint dans le développement de la forme liturgique et dans l'approfondissement des mystères divins. Le Paraclet, premier don fait aux croyants,[24] agissant déjà dans la création (cf. *Gn* 1, 2), est pleinement présent dans toute l'existence du Verbe incarné: Jésus Christ, en effet, est conçu de la Vierge Marie par l'action de l'Esprit Saint (cf. *Mt* 1, 18; *Lc* 1, 35); au début de son ministère public, sur les rives du Jourdain, il le voit descendre sur lui sous la forme d'une colombe (cf. *Mt* 3, 16 et *par.*); par ce même Esprit, il agit, il parle et il exulte (cf. *Lc* 10, 21); et c'est en Lui qu'il peut s'offrir lui-même (cf. *He* 9, 14). Dans ce qu'on appelle les « discours d'adieu », rapportés par Jean, Jésus met clairement en relation le don de sa vie dans le mystère pascal avec le don

[23] Cf. Proposition 3.
[24] Cf. Missel romain, *Prière eucharistique IV*.

de l'Esprit aux siens (cf. *Jn* 16, 7). Une fois ressuscité, portant dans sa chair les signes de sa passion, il peut répandre l'Esprit (cf. *Jn* 20, 22), rendant les siens participants de sa mission elle-même (cf. *Jn* 20, 21). Ce sera alors l'Esprit qui enseignera toutes choses aux disciples et qui leur rappellera tout ce que le Christ a dit (cf. *Jn* 14, 26), parce qu'il lui revient, en tant qu'Esprit de vérité (cf. *Jn* 15, 26), d'introduire les disciples dans la vérité tout entière (cf. *Jn* 16, 13). Dans le récit des *Actes*, l'Esprit descend sur les Apôtres réunis en prière avec Marie, au jour de la Pentecôte (cf. 2, 1-4), et il les remplit de force en vue de leur mission d'annoncer la Bonne Nouvelle à tous les peuples. C'est donc en vertu de l'action de l'Esprit que le Christ lui-même demeure présent et agissant dans son Église, à partir du centre vital qu'est l'Eucharistie.

Esprit Saint et célébration eucharistique

13. Sur cet arrière-fond, on comprend le rôle décisif de l'Esprit Saint dans la célébration eucharistique et en particulier en référence à la transsubstantiation. Les Pères de l'Église en ont une très forte conscience. Dans ses *Catéchèses*, saint Cyrille de Jérusalem rappelle que nous « invoquons Dieu miséricordieux pour qu'il envoie son Esprit Saint sur les oblats qui sont exposés, afin qu'Il transforme le pain en corps du Christ et le vin en sang du Christ. Ce que l'Esprit Saint touche est sanctifié et transformé totalement».[25] Saint Jean Chrysostome souligne aussi que le prêtre invoque l'Esprit Saint quand il célèbre le Sacrifice:[26] comme Élie, le ministre – dit-il – attire l'Esprit Saint afin que, «la grâce descendant sur la victime, les âmes de tous s'enflamment par elle».[27] Une conscience plus claire de la richesse de l'anaphore est d'autant plus nécessaire pour la vie spirituelle des fidèles: avec les paroles prononcées par le Christ lors de la dernière Cène, elle contient l'épiclèse, en tant qu'invocation au Père pour qu'il fasse descendre le don de l'Esprit afin que le pain et le vin deviennent le corps et le sang de Jésus Christ et que «la communauté tout entière devienne toujours davantage Corps du Christ».[28] L'Esprit, invoqué par le célébrant sur les offrandes du pain et du vin posés sur l'autel, est le même qui réunit les fidèles «en un seul corps», faisant d'eux une offrande spirituelle agréable au Père.[29]

[25] *Catéchèses* XXIII, 7: *PG* 33, 1114s.

[26] Cf. *Sur le Sacerdoce*, VI, 4: *PG* 48, 681; *SCh* 272 (1980), pp. 315-321.

[27] *Ibidem*, III, 4: *PG* 48, 642; *SCh* 272 (1980), p. 147.

[28] Proposition 22.

[29] Cf. Proposition 42: «Cette rencontre eucharistique se réalise dans l'Esprit Saint qui nous transforme et qui nous sanctifie. Il réveille dans le disciple la ferme volonté d'annoncer aux autres, avec audace, ce qui a été vu et entendu, pour les conduire eux aussi à la

Eucharistie, principe causal de l'Église

14. À travers le Sacrement de l'Eucharistie, Jésus fait entrer les fidèles dans son « heure »; il nous montre ainsi le lien qu'il a voulu entre lui et nous, entre sa personne et l'Église. En effet, le Christ lui-même, dans le Sacrifice de la croix, a engendré l'Église comme son épouse et son corps. Les Pères de l'Église ont médité longuement sur la relation entre l'origine d'Ève, issue du côté d'Adam endormi (cf. *Gn* 2, 21-23), et celle de la nouvelle Ève, l'Église, née du côté du Christ, immergé dans le sommeil de la mort: de son côté transpercé, raconte Jean, il sortit du sang et de l'eau (cf. *Jn* 19, 34), symbole des sacrements.[30] Un regard contemplatif vers « celui qu'ils ont transpercé » (*Jn* 19, 37) nous conduit à considérer le lien causal qui existe entre le sacrifice du Christ, l'Eucharistie et l'Église. L'Église, en effet, « vit de l'Eucharistie ».[31] Puisqu'en elle se rend présent le sacrifice rédempteur du Christ, on doit avant tout recon-

même rencontre avec le Christ. De cette façon, le disciple, envoyé par l'Église, s'ouvre à une mission sans frontières ».

[30] Cf. CONC. ŒCUM. VAT. II, Const. dogm. *Lumen gentium*, n. 3. Voir par exemple S. JEAN CHRYSOSTOME, *Catéchèses* 3, 13-19; *SCh* 50, pp. 174-177.

[31] JEAN-PAUL II, Encycl. *Ecclesia de Eucharistia* (17 avril 2003), n. 1: *AAS* 95 (2003), p. 433; *La Documentation catholique* 100 (2003), p. 368.

naître qu'« aux origines mêmes de l'Église, il y a *une influence causale de l'Eucharistie* ».[32] L'Eucharistie est le Christ qui se donne à nous, en nous édifiant continuellement comme son corps. Par conséquent, dans la relation circulaire suggestive entre l'Eucharistie qui édifie l'Église et l'Église elle-même qui fait l'Eucharistie,[33] la causalité première est celle qui est exprimée dans la première formule: l'Église peut célébrer et adorer le mystère du Christ présent dans l'Eucharistie justement parce que le Christ lui-même s'est donné en premier à elle dans le Sacrifice de la croix. La possibilité, pour l'Église, de « faire » l'Eucharistie est complètement enracinée dans l'offrande que le Christ lui a faite de lui-même. Nous découvrons ici aussi un aspect convaincant de la formule de saint Jean: « Il nous a aimés le premier » (*1 Jn* 4, 19). Ainsi, dans chaque célébration, nous confessons nous aussi le primat du don du Christ. L'influence causale de l'Eucharistie à l'origine de l'Église révèle en définitive l'antériorité non seulement chronologique mais également ontologique du fait qu'il nous a aimés « le premier ». Il est pour l'éternité celui qui nous aime le premier.

[32] *Ibidem*, n. 21: *AAS* 95 (2003), p. 447; *La Documentation catholique* 100 (2003), p. 375.

[33] Cf. JEAN-PAUL II, Encycl. *Redemptor hominis* (4 mars 1979), n. 20: *AAS* 71 (1979), pp. 309-316; *La Documentation catholique* 76 (1979), pp. 317-318; Lettre apost. *Dominicae Cenae* (24 février 1980), n. 4: *AAS* 72 (1980), pp. 119-121; *La Documentation catholique* 77 (1980), pp. 302-303.

15. L'Eucharistie est donc constitutive de l'être et de l'agir de l'Église. C'est pourquoi l'Antiquité chrétienne désignait par la même expression, *Corpus Christi*, le corps né de la Vierge Marie, le Corps eucharistique et le Corps ecclésial du Christ.[34] Cette donnée bien présente dans la tradition nous aide à faire grandir en nous la conscience du caractère inséparable du Christ et de l'Église. Le Seigneur Jésus, en s'offrant lui-même pour nous en sacrifice, a annoncé à l'avance dans ce don, de manière efficace, le mystère de l'Église. Il est significatif que la deuxième prière eucharistique, en invoquant le Paraclet, formule en ces termes la prière pour l'unité de l'Église: «*Qu'en ayant part au corps et au sang du Christ, nous soyons rassemblés par l'Esprit Saint en un seul corps*». Ce passage fait bien comprendre comment la *res* du Sacrement de l'Eucharistie est l'unité des fidèles dans la communion ecclésiale. L'Eucharistie se montre ainsi à la racine de l'Église comme mystère de communion.[35]

Le Serviteur de Dieu Jean-Paul II, dans son Encyclique *Ecclesia de Eucharistia*, avait déjà attiré l'attention sur la relation entre Eucharistie et *communio*. Il a parlé du mémorial du Christ comme

[34] Cf. Proposition 5.

[35] S. Thomas d'Aquin, *Somme Théologique*, III, q. 80, a. 4.

de « la plus haute manifestation sacramentelle de la communion dans l'Église ».[36] L'unité de la communion ecclésiale se révèle concrètement dans les communautés chrétiennes et elle se renouvelle dans l'action eucharistique qui les unit et qui les différencie en Églises particulières, « *in quibus et ex quibus una et unica Ecclesia catholica exsistit* ».[37] C'est justement la réalité de l'unique Eucharistie célébrée dans chaque diocèse autour de l'Évêque qui nous fait comprendre comment les Églises particulières elles-mêmes subsistent *in* et *ex Ecclesia.* En effet, « l'unicité et l'indivisibilité du Corps eucharistique du Seigneur impliquent l'unicité de son Corps mystique, qui est l'Église une et indivisible. C'est à partir de son centre eucharistique que se réalise l'ouverture nécessaire de toute communauté qui célèbre, de toute Église particulière: en se laissant attirer par les bras ouverts du Seigneur, on s'insère dans son Corps, unique et sans division ».[38] C'est pourquoi, dans la célébration de l'Eucharistie, tout fidèle se trouve dans *son* Église, c'est-à-dire dans l'Église du Christ. Dans cette perspective eucharistique, comprise de manière appropriée, la com-

[36] N. 38: *AAS* 95 (2003), p. 458; *La Documentation catholique* 100 (2003), p. 381.

[37] Conc. œcum. Vat. II, Const. dogm. *Lumen gentium*, n. 23.

[38] Congrégation pour la Doctrine de la Foi, Lettre sur certains aspects de l'Église catholique comprise comme communion *Communionis notio* (28 mai 1992), n. 11: *AAS* 85 (1993), p. 845; *La Documentation catholique* 89 (1992), p. 732.

munion ecclésiale se révèle être, par nature, une réalité catholique.[39] Souligner cette racine eucharistique de la communion ecclésiale peut aussi contribuer efficacement au dialogue œcuménique avec les Églises et avec les Communautés ecclésiales qui ne sont pas en pleine communion avec le Siège de Pierre. En effet, l'Eucharistie établit de manière objective un lien d'unité fort entre l'Église catholique et les Églises orthodoxes, qui ont conservé la nature authentique et entière du mystère de l'Eucharistie. Dans le même temps, le relief donné au caractère ecclésial de l'Eucharistie peut aussi devenir un élément privilégié du dialogue avec les Communautés issues de la Réforme.[40]

Eucharistie et sacrements

Sacramentalité de l'Église

16. Le Concile Vatican II a rappelé que, « quant aux autres sacrements et à tous les ministères ecclésiaux et aux œuvres d'apostolat, ils sont

[39] Proposition 5: « Le terme 'catholique' exprime l'universalité provenant de l'unité que l'Eucharistie, célébrée dans chaque Église, favorise et édifie. Les Églises particulières dans l'Église universelle ont ainsi, dans l'Eucharistie, la tâche de rendre visibles leur unité et leur diversité. Ce lien d'amour fraternel laisse transparaître la communion trinitaire. Les conciles et les synodes expriment dans l'histoire cet aspect fraternel de l'Église ».

[40] Cf. *ibidem*.

étroitement liés à l'Eucharistie et ordonnés à elle. La très sainte Eucharistie contient en effet l'ensemble des biens spirituels de l'Église, à savoir le Christ lui-même, notre Pâque, le pain vivant, qui par sa Chair, vivifiée et vivifiante par l'Esprit Saint, procure la vie aux hommes, et les invite et les conduit à s'offrir eux-mêmes, à offrir leurs travaux et toutes les choses créées, en union avec lui».[41] Cette relation intime de l'Eucharistie avec les autres sacrements et avec l'existence chrétienne est comprise à sa racine quand on contemple le mystère de l'Église elle-même comme sacrement.[42] À ce sujet, le Concile Vatican II a affirmé que «l'Église est, dans le Christ, en quelque sorte le sacrement, c'est-à-dire, le signe et l'instrument de l'union intime avec Dieu et de l'unité de tout le genre humain».[43] Comme dit saint Cyprien, en tant que «peuple qui tire son unité de l'unité du Père et du Fils et de l'Esprit Saint»,[44] elle est sacrement de la communion trinitaire.

Le fait que l'Église soit « sacrement universel du salut»[45] montre comment l'économie sacramentelle détermine en définitive la manière par laquelle le

[41] Décret sur le ministère et la vie des prêtres *Presbyterorum ordinis*, n. 5.

[42] Cf. Proposition 14.

[43] Const. dogm. *Lumen gentium*, n. 1.

[44] *De Orat. Dom.*, 23 : *PL* 4, 553.

[45] Const. dogm. *Lumen gentium*, n. 48; cf. aussi *ibidem* n. 9.

Christ, unique Sauveur, rejoint par l'Esprit notre existence dans ses spécificités propres. L'Église *se reçoit* et en même temps *s'exprime* dans les sept sacrements par lesquels la grâce de Dieu influence concrètement l'existence des fidèles, afin que toute leur vie, rachetée par le Christ, devienne un culte rendu à Dieu. Dans cette perspective, je désire ici souligner quelques éléments, mis en évidence par les Pères synodaux, qui peuvent aider à saisir la relation de tous les sacrements avec le Mystère eucharistique.

I. Eucharistie et initiation chrétienne

Eucharistie, plénitude de l'initiation chrétienne

17. Si l'Eucharistie est véritablement source et sommet de la vie et de la mission de l'Église, il s'ensuit avant tout que le chemin de l'initiation chrétienne a pour point de référence la possibilité d'accéder à ce sacrement. À ce sujet, comme l'ont dit les Pères synodaux, nous devons nous demander si, dans nos communautés chrétiennes, le lien étroit entre le Baptême, la Confirmation et l'Eucharistie est suffisamment perçu.[46] Il ne faut jamais oublier, en effet, que nous sommes baptisés et confirmés en vue de l'Eucharistie. Une telle

[46] Cf. Proposition 13.

donnée implique un engagement dans le but de favoriser, dans la pratique pastorale, une compréhension plus unifiée du parcours de l'initiation chrétienne. Le sacrement du Baptême, par lequel nous avons été conformés au Christ,[47] incorporés à l'Église et établis fils de Dieu, constitue la porte d'entrée à tous les sacrements. Par lui, nous sommes insérés dans l'unique Corps du Christ (cf. *1 Co* 12, 13), peuple sacerdotal. Cependant, c'est la participation au Sacrifice eucharistique qui perfectionne en nous ce qui est donné dans le Baptême. Les dons de l'Esprit sont aussi donnés pour l'édification du Corps du Christ (*1 Co* 12) et pour un plus grand témoignage évangélique dans le monde.[48] Par conséquent, la sainte Eucharistie porte l'initiation chrétienne à sa plénitude et elle se situe comme le centre et la fin de toute la vie sacramentelle.[49]

L'ordre des sacrements de l'initiation

18. À cet égard, il est nécessaire de porter attention à la question de l'ordre des sacrements de l'initiation. Dans l'Église, il existe des traditions

[47] Cf. Const. dogm. *Lumen gentium*, n. 7.

[48] Cf. *ibidem*, n. 11; CONC. ŒCUM. VAT. II, Décret sur l'activité missionnaire de l'Église *Ad gentes*, nn. 9 et 13.

[49] Cf. JEAN-PAUL II, Lettre apostolique *Dominicae Cenae* (24 février 1980), n.7 : *AAS* 72 (1980), pp. 124-127; *La Documentation catholique* 77 (1980), p. 304; cf. aussi CONC. ŒCUM. VAT. II, Décret *Presbyterorum ordinis*, n. 5.

différentes. Une telle diversité se manifeste avec évidence dans les traditions ecclésiales de l'Orient,[50] et dans la pratique occidentale elle-même en ce qui concerne l'initiation des adultes,[51] par rapport à celle des enfants.[52] Néanmoins, de telles différences ne sont pas proprement d'ordre dogmatique, mais de nature pastorale. Concrètement, il est nécessaire de vérifier quelle pratique peut en réalité aider au mieux les fidèles à mettre au centre le sacrement de l'Eucharistie, comme réalité vers laquelle tend toute l'initiation. En étroite collaboration avec les Dicastères compétents de la Curie romaine, les Conférences épiscopales vérifieront l'efficacité des parcours actuels d'initiation, afin que, par l'action éducative de nos communautés, le chrétien soit aidé à mûrir toujours davantage, en parvenant à donner à sa vie une authentique assise eucharistique, de sorte qu'il soit en mesure de rendre raison de son espérance d'une manière adaptée à notre temps (cf. *1 P* 3, 15).

Initiation, communauté ecclésiale et famille

19. Il faut toujours se rappeler que toute l'initiation chrétienne est un chemin de conversion à parcourir avec l'aide de Dieu et en relation cons-

[50] Cf. *Code des Canons des Églises orientales*, can. 710.
[51] Cf. *Rituel de l'Initiation chrétienne des adultes*, introduction générale, nn. 34-36.
[52] Cf. *Rituel du Baptême des enfants*, introduction, nn. 18-19.

tante avec la communauté ecclésiale, soit quand un adulte demande à entrer dans l'Église, comme cela arrive dans les milieux de première évangélisation ou dans de nombreux milieux sécularisés, soit quand les parents demandent les sacrements pour leurs enfants. À ce sujet, je désire surtout attirer l'attention sur la relation entre initiation chrétienne et famille. Dans l'action pastorale, on doit toujours associer la famille chrétienne au parcours d'initiation. Recevoir le Baptême, la Confirmation et s'approcher pour la première fois de l'Eucharistie sont des moments décisifs non seulement pour la personne qui les reçoit mais aussi pour toute sa famille, qui doit être soutenue dans sa tâche éducative par la communauté ecclésiale dans ses diverses composantes.[53] Je voudrais ici souligner l'importance de la première communion. Pour de très nombreux fidèles, ce jour reste justement gravé dans la mémoire comme le premier moment où, même si c'est encore de manière élémentaire, ils ont perçu l'importance de la rencontre personnelle avec Jésus. La pastorale paroissiale doit mettre en valeur de manière appropriée une occasion aussi significative.

[53] Cf. Proposition 15.

II. Eucharistie et Sacrement de la Réconciliation

Leur lien intrinsèque

20. Les Pères synodaux ont justement affirmé que l'amour de l'Eucharistie conduit aussi à apprécier toujours plus le sacrement de la Réconciliation.[54] À cause du lien entre ces sacrements, une authentique catéchèse à l'égard du sens de l'Eucharistie ne peut être séparée de la proposition d'un chemin pénitentiel (cf. *1 Co* 11, 27-29). Nous constatons assurément que, à notre époque, les fidèles se trouvent immergés dans une culture qui tend à effacer le sens du péché,[55] favorisant un comportement superficiel qui porte à oublier la nécessité d'être dans la grâce de Dieu pour s'approcher dignement de la communion sacramentelle.[56] En réalité, perdre la conscience du péché entraîne toujours aussi une certaine superficialité dans la compréhension de l'amour de Dieu lui-même. Il

[54] Cf. Proposition 7; Jean-Paul II, Encycl. *Ecclesia de Eucharistia* (17 avril 2003), n. 36: *AAS* 95 (2003), pp. 457-458; *La Documentation catholique* 100 (2003), p. 381.

[55] Cf. Jean-Paul II, Exhort. apost. post-synodale *Reconciliatio et paenitentia* (2 décembre 1984), n. 18 : *AAS* 77 (1985), pp. 224-228; *La Documentation catholique* 82 (1985), pp.12-13.

[56] Cf. *Catéchisme de l'Église catholique*, n. 1385.

est très utile de rappeler aux fidèles ces éléments qui, dans le rite de la Messe, explicitent la conscience de leur péché et, simultanément, de la miséricorde de Dieu.[57] En outre, la relation entre Eucharistie et Réconciliation nous rappelle que le péché n'est jamais une réalité exclusivement individuelle; il comporte toujours également une blessure au sein de la communion ecclésiale, dans laquelle nous sommes insérés par le Baptême. C'est pourquoi la Réconciliation, comme le disaient les Pères de l'Église, est *laboriosus quidam baptismus*,[58] soulignant de cette façon que l'issue du chemin de conversion est aussi le rétablissement de la pleine communion ecclésiale, qui se manifeste par le fait de s'approcher à nouveau de l'Eucharistie.[59]

[57] Cf. On pense ici au *Confiteor* ou au dialogue entre le prêtre et l'assemblée avant de s'approcher de la Communion: *« Seigneur, je ne suis pas digne de te recevoir; mais dis seulement une parole et je serai guéri »*. Il n'est pas sans signification que la liturgie prévoie aussi pour le prêtre quelques très belles prières, recueillies par la tradition, qui rappellent le besoin d'être pardonné, comme par exemple celle qui est prononcée à mi-voix, avant d'inviter les fidèles à la communion sacramentelle: *« Que ton corps et ton sang me délivrent de mes péchés et de tout mal; fais que je demeure fidèle à tes commandements et que jamais je ne sois séparé de toi »*.

[58] Cf. S. Jean Damascène, *De fide orthodoxa*, IV, 9 : *PG* 94, 1124C; S. Grégoire de Nazianze, *Discours* 39, 17: *PG* 36, 356A; *SCh* 358 (1990), p. 189; Conc. œcum. de Trente, *Doctrina de sacramento paenitentiae*, cap. 2 : *DS* 1672.

[59] Cf. Conc. œcum. Vat. II, Const. dogm. *Lumen gentium*, n. 11; Jean-Paul II, Exhort. apost. post-synodale *Reconciliatio et paenitentia* (2 décembre 1984), n. 30 : *AAS* 77 (1985), pp. 256-257; *La Documentation catholique* 82 (1985), p. 22.

Quelques points d'attention pastorale

21. Le Synode a rappelé qu'il est du devoir pastoral de l'Évêque de promouvoir dans son diocèse la détermination de revenir à une pédagogie de la conversion qui naît de l'Eucharistie et d'encourager les fidèles à la confession fréquente. Tous les prêtres se consacreront avec générosité, application et compétence à l'administration du sacrement de la Réconciliation.[60] À ce sujet, on doit prêter attention à ce que les confessionnaux, dans nos églises, soient bien visibles et expressifs du sens de ce Sacrement. Je demande aux Pasteurs de veiller attentivement à la célébration du sacrement de la Réconciliation, en réservant la pratique de l'absolution générale exclusivement aux cas prévus,[61] la forme personnelle étant la seule forme ordinaire.[62] Face à la nécessité de redécouvrir le pardon sacramentel, qu'il y ait toujours dans tous les diocèses un *Pénitencier*.[63] Enfin, dans la nouvelle

[60] Cf. Proposition 7.

[61] Cf. Jean-Paul II, Motu Proprio *Misericordia Dei* (7 avril 2002) : *AAS* 94 (2002), pp. 452-459; *La Documentation catholique* 99 (2002), pp. 451-455.

[62] Avec les Pères synodaux, je rappelle que les célébrations pénitentielles non sacramentelles, mentionnées dans le rituel du sacrement de la Réconciliation, peuvent être utiles pour renforcer l'esprit de conversion et de communion dans les communautés chrétiennes, en préparant ainsi les cœurs à la célébration du sacrement: cf. Proposition 7.

[63] Cf. *Code de Droit canonique*, can. 508.

prise de conscience de la relation entre Eucharistie et Réconciliation, une pratique sage et équilibrée de *l'indulgence*, gagnée pour soi-même ou pour les défunts, peut être d'une aide utile. Par elle, on obtient « la rémission devant Dieu de la peine temporelle due pour les péchés dont la faute est déjà effacée ».[64] L'usage des indulgences nous aide à comprendre que, par nos seules forces, nous serions incapables de réparer le mal commis et que les péchés de chacun portent tort à toute la communauté; par ailleurs, la pratique de l'indulgence, impliquant non seulement la doctrine des mérites infinis du Christ, mais aussi celle de la communion des saints, nous dit « combien intime est le lien qui nous unit entre nous dans le Christ, et combien la vie surnaturelle de chacun peut servir aux autres ».[65] Puisque sa forme elle-même prévoit, parmi les conditions, le recours à la confession et à la communion sacramentelle, sa pratique peut soutenir efficacement les fidèles sur le chemin de la conversion et dans la découverte du caractère central de l'Eucharistie dans la vie chrétienne.

[64] Paul VI, Const. apost. *Indulgentiarum doctrina* (1er janvier 1967), *Normae*, n. 1: *AAS* 59 (1967), p. 21; *La Documentation catholique* 64 (1967), col. 214.

[65] *Ibidem*, n. 9: *AAS* 59 (1967), pp. 18-19; *La Documentation catholique* 64 (1967), col. 212.

III. Eucharistie et Onction des malades

22. Jésus n'a pas seulement envoyé ses disciples pour guérir les malades (cf. *Mt* 10, 8; *Lc* 9, 2; 10, 9), mais il a aussi institué pour eux un Sacrement spécifique: l'Onction des malades.[66] La *Lettre de Jacques* atteste déjà la présence de ce geste sacramentel dans la première communauté chrétienne (cf. 5, 14-16). Si l'Eucharistie montre que les souffrances et la mort du Christ ont été transformées en amour, l'Onction des malades, de son côté, associe la personne qui souffre à l'offrande que le Christ a faite de lui-même pour le salut de tous, de sorte qu'elle aussi puisse, dans le mystère de la communion des saints, participer à la rédemption du monde. La relation entre ces sacrements se manifeste également face à l'aggravation de la maladie: « À ceux qui vont quitter cette vie, l'Église offre, en plus de l'Onction des malades, l'Eucharistie comme viatique ».[67] Dans le passage vers le Père, la communion au Corps et au Sang du Christ se manifeste comme semence de vie éternelle et puissance de résurrection: « Qui mange ma chair et boit mon sang a la vie éternelle et moi, je le ressusciterai au dernier jour » (*Jn* 6, 54). Puisque le Saint Viatique ouvre au malade la plénitude du mystère pascal, il est nécessaire d'en assurer la pra-

[66] Cf. *Catéchisme de l'Église catholique*, nn. 1499-1531.
[67] *Ibidem*, n. 1524.

tique.[68] L'attention et le soin pastoral envers ceux qui sont malades rejaillissent sûrement en bénéfice spirituel pour toute la communauté, sachant que ce que nous aurons fait au plus petit, nous l'aurons fait à Jésus lui-même (cf. *Mt* 25, 40).

IV. Eucharistie et Sacrement de l'Ordre

In persona Christi capitis

23. Le lien intrinsèque entre Eucharistie et Sacrement de l'Ordre découle des paroles mêmes de Jésus au Cénacle: « Faites ceci en mémoire de moi » (*Lc* 22, 19). En effet, Jésus, à la veille de sa mort, a institué l'Eucharistie et fondé en même temps *le sacerdoce de la Nouvelle Alliance*. Il est prêtre, victime et autel: médiateur entre Dieu le Père et le peuple (cf. *He* 5, 5-10), victime d'expiation (cf. *1 Jn* 2, 2; 4, 10) qui s'offre elle-même sur l'autel de la croix. Personne ne peut dire « ceci est mon corps » et « ceci est la coupe de mon sang » si ce n'est au nom et en la personne du Christ, unique souverain prêtre de la nouvelle et éternelle Alliance (cf. *He* 8-9). Au cours d'autres assemblées, le Synode des Évêques avait déjà abordé le sujet du ministère ordonné, soit pour ce qui regarde l'identité du ministère,[69] soit pour la formation

[68] Cf. Proposition 44.

[69] Cf. Synode des Évêques, Deuxième Assemblée générale, Document sur le sacerdoce ministériel *Ultimis temporibus* (30 novem-

des candidats.[70] En cette circonstance, à la lumière du dialogue intervenu au sein de l'assemblée synodale, je tiens à rappeler quelques points relatifs au rapport entre Sacrement de l'Eucharistie et Sacrement de l'Ordre. Il est avant tout nécessaire de rappeler que le lien entre *l'Ordre sacré et l'Eucharistie* est visible précisément dans la Messe présidée par l'Évêque ou par le prêtre *au nom du Christ-Tête*.

La doctrine de l'Église fait de l'ordination sacerdotale la condition indispensable pour la célébration valide de l'Eucharistie.[71] En effet, « dans le service ecclésial du ministre ordonné, c'est le Christ lui-même qui est présent à son Église en tant que Tête de son Corps, Pasteur de son troupeau, grand prêtre du sacrifice rédempteur ».[72] De façon certaine, le ministre ordonné « agit aussi au nom de toute l'Église lorsqu'il présente à Dieu la prière de l'Église et surtout lorsqu'il offre le sacrifice eucharistique ».[73] Il est donc nécessaire que les prêtres

bre 1971): *AAS* 63 (1971), pp. 898-942; *La Documentation catholique* 69 (1972), pp. 2-11.

[70] Cf. JEAN-PAUL II, Exhort. apost. post-synodale *Pastores dabo vobis* (25 mars 1992), nn. 42-69: *AAS* 84 (1992), pp. 729-778; *La Documentation catholique* 89 (1992), pp. 476-492.

[71] Cf. CONC. ŒCUM. VAT. II, Const. dogm. *Lumen gentium*, n. 10; CONGRÉGATION POUR LA DOCTRINE DE LA FOI, Lettre sur quelques questions concernant le ministre de l'Eucharistie *Sacerdotium ministeriale* (6 août 1983) : *AAS* 75 (1983), pp. 1001-1009; *La Documentation catholique* 80 (1983), pp. 885-887.

[72] *Catéchisme de l'Église catholique*, n. 1548.

[73] *Ibidem*, n. 1552.

aient conscience que, dans tout leur ministère, ils ne doivent jamais se mettre au premier plan, eux-mêmes ou leurs opinions, mais Jésus Christ. Toute tentative de se poser soi-même comme protagoniste de l'action liturgique contredit l'identité sacerdotale. Le prêtre est plus que jamais serviteur et il doit s'engager continuellement à être le signe qui, en tant qu'instrument docile entre les mains du Christ, renvoie à Lui. Cela se traduit particulièrement dans l'humilité avec laquelle le prêtre guide l'action liturgique, dans l'obéissance au rite, en y adhérant de cœur et d'esprit, en évitant tout ce qui pourrait donner l'impression d'une initiative propre inopportune. Je recommande donc au clergé d'approfondir toujours la conscience de son ministère eucharistique comme humble service rendu au Christ et à son Église. Le sacerdoce, comme le disait saint Augustin, est *amoris officium*,[74] est l'office du bon pasteur, qui offre sa vie pour ses brebis (cf. *Jn* 10, 14-15).

Eucharistie et célibat sacerdotal

24. Les Pères synodaux ont voulu souligner que le sacerdoce ministériel requiert, à travers l'ordination, l'entière configuration au Christ. Tout en respectant les pratiques différentes et la tradition

[74] Cf. *In Iohannis Evangelium Tractacus* 123, 5: *PL* 35, 1967.

orientale, il convient de rappeler le sens profond du célibat sacerdotal, justement considéré comme une richesse inestimable et confirmé aussi dans la pratique orientale pour les candidats à l'épiscopat. Dans un tel choix, en effet, le dévouement qui conforme le prêtre au Christ et l'offrande exclusive de lui-même pour le Règne de Dieu trouvent une expression particulière.[75] Le fait que le Christ lui-même, prêtre pour l'éternité, ait vécu sa mission jusqu'au Sacrifice de la croix dans l'état de virginité constitue le point de référence sûr pour recueillir le sens de la tradition de l'Église latine sur cette question. Il n'est donc pas suffisant de comprendre le célibat sacerdotal en termes purement fonctionnels. En réalité, il est une conformation particulière au style de vie du Christ lui-même. Ce choix est avant tout sponsal; il est identification au cœur du Christ Époux, qui donne sa vie pour son Épouse. Unie à la grande tradition ecclésiale, au Concile Vatican II[76] et aux Souverains Pontifes mes prédécesseurs,[77] je redis la beauté et l'impor-

[75] Cf. Proposition 11.

[76] Cf. Décret sur le ministère et la vie des prêtres *Presbyterorum Ordinis*, n. 16.

[77] Cf. Jean XXIII, Encycl. *Sacerdotii nostri primordia* (1er août 1959): *AAS* 51 (1959), pp. 545-579; *La Documentation catholique* 56 (1959), col. 1025-1045; Paul VI, Encycl. *Sacerdotalis caelibatus* (24 juin 1967): *AAS* 59 (1967), pp. 657-697; *La Documentation catholique* 64 (1967), col. 1249-1280; Jean-Paul II, Exhort. apost. post-synodale *Pastores dabo vobis* (25 mars 1992), n. 29: AAS 84 (1992), pp. 703-705;

tance d'une vie sacerdotale vécue dans le célibat comme signe exprimant le don de soi total et exclusif au Christ, à l'Église et au Règne de Dieu, et j'en confirme donc le caractère obligatoire pour la tradition latine. Le célibat sacerdotal vécu avec maturité, joie et dévouement est une très grande bénédiction pour l'Église et pour la société elle-même.

Manque de prêtres et pastorale des vocations

25. À propos du lien entre Sacrement de l'Ordre et Eucharistie, le Synode s'est arrêté sur la situation difficile qui apparaît dans divers diocèses lorsqu'on doit faire face à la pénurie de prêtres. Cela se produit non seulement dans certaines zones de première évangélisation, mais également dans de nombreux pays de longue tradition chrétienne. Une plus juste répartition des prêtres contribuera certainement à la solution du problème. Un travail de large sensibilisation est donc nécessaire. Les Évêques impliqueront dans les nécessités pastorales les Instituts de Vie consacrée et les nouvelles réalités ecclésiales, dans le respect de leur charisme propre, et ils solliciteront tous les membres du clergé à une plus grande disponibilité pour servir

La Documentation catholique 89 (1992), pp. 467-468; BENOÎT XVI, *Discours aux Cardinaux et à la Curie romaine pour la présentation des vœux de Noël* (22 décembre 2006): *L'Osservatore romano* (23 décembre 2006), p. 6; *La Documentation catholique* 104 (2007), pp. 106-107.

l'Église là où il en est besoin, même au prix de sacrifices.[78] En outre, au cours du Synode, on a aussi discuté des attentions pastorales à mettre en œuvre pour favoriser, surtout chez les jeunes, l'ouverture intérieure à la vocation sacerdotale. Une telle situation ne peut trouver de solution par de simples moyens pragmatiques. Il faut éviter que les Évêques, poussés par des préoccupations fonctionnelles bien compréhensibles à cause du manque de prêtres, n'effectuent pas le discernement vocationnel qui convient et qu'ils admettent à la formation spécifique et à l'ordination des candidats qui ne possèdent pas les caractéristiques nécessaires pour le service sacerdotal.[79] Un clerc qui n'est pas suffisamment formé, admis à l'ordination sans le discernement requis, pourra difficilement offrir un témoignage capable de susciter chez les autres le

[78] Cf. Proposition 11.

[79] Cf. CONC ŒCUM. VAT. II, Décret sur la formation sacerdotale *Optatam totius*, n. 6; *Code de Droit canonique*, can. 241, § 1 et can. 1029; *Code des Canons des Églises orientales*, can. 342, § 1 et can. 758; JEAN-PAUL II, Exhort. apost. post-synodale *Pastores dabo vobis* (25 mars 1992), nn. 11.34.50: *AAS* 84 (1992), pp. 673-675; 712-714; 746-748; *La Documentation catholique* 89 (1992), pp. 457; 470-471; 481-482; CONGRÉGATION POUR LE CLERGÉ, DIRECTOIRE POUR LE MINISTÈRE ET LA VIE DES PRÊTRES *Dives Ecclesiae* (31 mars 1994), n. 58: LEV, 1994, pp. 56-58; *La Documentation catholique* 91 (1994), pp. 374-375; CONGRÉGATION POUR L'ÉDUCATION CATHOLIQUE, Instruction sur les critères de discernement vocationnel au sujet des personnes présentant des tendances homosexuelles en vue de l'admission au Séminaire et aux Ordres sacrés (4 novembre 2005): *AAS* 97 (2005), pp. 1007-1013; *La Documentation catholique* 103 (2006), pp. 24-27.

désir de répondre avec générosité à l'appel du Christ. En réalité, la pastorale vocationnelle doit impliquer toute la communauté chrétienne dans toutes ses composantes.[80] Évidemment, ce large travail pastoral comprend également la sensibilisation des familles, souvent indifférentes si ce n'est ouvertement opposées à l'hypothèse de la vocation sacerdotale. Qu'elles s'ouvrent avec générosité au don de la vie et qu'elles éduquent leurs enfants à être disponibles à la volonté de Dieu. En résumé, il faut surtout avoir le courage de proposer aux jeunes la radicalité de la vie à la suite du Christ, en en montrant l'attrait.

Gratitude et espérance

26. Enfin, il est nécessaire d'avoir plus de foi et d'espérance en l'initiative divine. Même si, dans certaines régions, on enregistre une pénurie de prêtres, on ne doit jamais douter du fait que le Christ continue d'appeler des hommes qui, abandonnant toute autre activité, se consacrent totalement à la célébration des saints Mystères, à la prédication de l'Évangile et au ministère pastoral. En cette circonstance, je souhaite me faire l'écho de la gratitude de toute l'Église pour les Évêques et les

[80] Cf. Proposition 12; JEAN-PAUL II, Exhort. apost. post-synodale *Pastores dabo vobis* (25 mars 1992) n. 41: *AAS* 84 (1992), pp. 726-729; *La Documentation catholique* 89 (1992), pp. 475-476.

prêtres, qui remplissent leur mission avec un dévouement et un zèle fidèles. Naturellement, ce remerciement de l'Église s'adresse aussi aux diacres, à qui sont imposées les mains « non pour le sacerdoce mais pour le service ».[81] Comme l'a recommandé l'Assemblée du Synode, j'adresse un remerciement spécial aux prêtres *fidei donum*, qui, avec compétence et généreux dévouement, construisent la communauté en lui annonçant la Parole de Dieu et en lui partageant le Pain de la vie, sans épargner leurs forces dans le service de la mission de l'Église.[82] Il faut remercier Dieu pour les nombreux prêtres qui ont souffert jusqu'au sacrifice de leur vie pour servir le Christ. En eux, par l'éloquence des faits, se révèle ce que signifie être prêtre jusqu'au bout. Il s'agit de témoignages émouvants qui peuvent inspirer beaucoup de jeunes à suivre le Christ à leur tour et à donner leur vie pour les autres, trouvant ainsi la vie véritable.

V. Eucharistie et Mariage

Eucharistie, sacrement sponsal

27. L'Eucharistie, sacrement de la charité, fait apparaître un rapport particulier avec l'amour entre l'homme et la femme, unis par le mariage. Approfondir ce lien est une nécessité propre à notre

[81] Conc. œcum. Vat. II, Const. dogm. *Lumen gentium*, n. 29.
[82] Cf. Proposition 38.

temps.[83] Le Pape Jean-Paul II a eu plusieurs fois l'occasion d'affirmer le caractère sponsal de l'Eucharistie et son rapport particulier avec le Sacrement du Mariage: « L'Eucharistie est le sacrement de notre rédemption. C'est le sacrement de l'Époux, de l'Épouse ».[84] Du reste, « toute la vie chrétienne porte le signe de l'amour sponsal du Christ et de l'Église. Déjà le Baptême, qui fait entrer dans le peuple de Dieu, est un mystère nuptial: c'est pour ainsi dire le bain de noces qui précède le banquet des noces, l'Eucharistie ».[85] L'Eucharistie fortifie d'une manière inépuisable l'unité et l'amour indissoluble de tout mariage chrétien. En lui, en vertu du sacrement, le lien conjugal est intrinsèquement relié à l'unité eucharistique entre le Christ époux et l'Église épouse (cf. *Ep* 5, 31-32). Le consentement mutuel que mari et femme échangent dans le Christ, et qui fait d'eux une communauté de vie et d'amour, a lui aussi une dimension eucharistique. En effet, dans la théologie paulinienne, l'amour sponsal est le signe sacramentel de l'amour du Christ pour son Église, un

[83] Cf. JEAN-PAUL II, Exhort. apost. post-synodale *Familiaris consortio* (22 novembre 1981), n. 57: *AAS* 74 (1982), pp. 149-150; *La Documentation catholique* 79 (1982), p. 22.

[84] Lettre apost. *Mulieris dignitatem* (15 août 1988), n. 26: *AAS* 80 (1988), pp. 1715-1716; *La Documentation catholique* 85 (1988), pp. 1083-1084.

[85] *Catéchisme de l'Église catholique*, n. 1617.

amour qui a son point culminant dans la croix, expression de ses «noces» avec l'humanité et, en même temps, origine et centre de l'Eucharistie. Voilà pourquoi l'Église manifeste une proximité spirituelle particulière à tous ceux qui ont fondé leur famille sur le sacrement de Mariage.[86] La famille – Église domestique[87] – est une cellule primordiale de la vie de l'Église, en particulier pour son rôle décisif concernant l'éducation chrétienne des enfants.[88] Dans ce contexte, le Synode a recommandé aussi de reconnaître la mission particulière de la femme dans la famille et dans la société, une mission qui doit être défendue, sauvegardée et promue.[89] Son identité d'épouse et de mère constitue une réalité imprescriptible qui ne doit jamais être dévaluée.

Eucharistie et unicité du mariage

28. C'est précisément à la lumière de cette relation intrinsèque entre mariage, famille et Eucharistie qu'il est possible de considérer certains pro-

[86] Cf. Proposition 8.

[87] Cf. CONC. ŒCUM. VAT. II, Const. dogm. *Lumen gentium*, n. 11.

[88] Cf. Proposition 8.

[89] Cf. JEAN-PAUL II, Lettre apost. *Mulieris dignitatem* (15 août 1988): *AAS* 80 (1988), pp. 1653-1729; *La Documentation catholique* 85 (1988), pp. 1063-1088; CONGRÉGATION POUR LA DOCTRINE DE LA FOI, Lettre aux Évêques de l'Église catholique sur la collaboration de l'homme et de la femme dans l'Église et dans le monde (31 mai 2004): *AAS* 96 (2004), pp. 671-687; *La Documentation catholique* 101 (2004), pp. 775-784.

blèmes pastoraux. Le lien fidèle, indissoluble et exclusif qui unit le Christ et l'Église, et qui trouve son expression sacramentelle dans l'Eucharistie, est en relation avec le donné anthropologique originel par lequel l'homme doit être uni de manière définitive à une seule femme et réciproquement (cf. *Gn* 2, 24; *Mt* 19, 5). Sur cet arrière-fond de pensées, le Synode des Évêques a étudié le thème des pratiques pastorales concernant ceux qui entendent l'annonce de l'Évangile, provenant de cultures où se pratique la polygamie. Ceux qui se trouvent dans une telle situation et qui s'ouvrent à la foi chrétienne doivent être aidés pour intégrer leur projet humain dans la nouveauté radicale du Christ. Au cours du catéchuménat, le Christ les rejoint dans leur condition spécifique et il les appelle à la pleine vérité de l'amour, passant à travers les renoncements nécessaires, en vue de la communion ecclésiale parfaite. L'Église les accompagne par une pastorale pleine de douceur et en même temps de fermeté,[90] en leur montrant surtout la lumière qui, venant des mystères chrétiens, se reflète sur la nature et sur les désirs humains.

Eucharistie et indissolubilité du mariage

29. Si l'Eucharistie exprime le caractère irréversible de l'amour de Dieu pour son Église dans le

[90] Cf. Proposition 9.

Christ, on comprend pourquoi elle implique, en relation au sacrement de Mariage, l'indissolubilité à laquelle tout véritable amour ne peut qu'aspirer.[91] L'attention pastorale que le Synode a réservée aux situations douloureuses dans lesquelles se trouvent de nombreux fidèles qui, après avoir célébré le sacrement de Mariage, ont divorcé et contracté une nouvelle union, est donc plus que justifiée. Il s'agit d'un problème pastoral épineux et complexe, une vraie plaie du contexte social actuel, qui touche de manière croissante les milieux catholiques eux-mêmes. Par amour de la vérité, les Pasteurs sont obligés de bien discerner les diverses situations, pour aider spirituellement de la façon la plus appropriée les fidèles concernés.[92] Le Synode des Évêques a confirmé la pratique de l'Église, fondée sur la Sainte Écriture (cf. *Mc* 10, 2-12), de ne pas admettre aux sacrements les divorcés remariés, parce que leur état et leur condition de vie contredisent objectivement l'union d'amour entre le Christ et l'Église, qui est signifiée et mise en œuvre

[91] Cf. *Catéchisme de l'Église catholique*, n. 1640.

[92] Cf. JEAN-PAUL II, Exhort. apost. post-synodale *Familiaris consortio* (22 novembre 1981), n. 84: *AAS* 74 (1982), pp. 184-186; *La Documentation catholique* 79 (1982), pp. 32-33; CONGRÉGATION POUR LA DOCTRINE DE LA FOI, Lettre aux Évêques de l'Église catholique sur l'accès à la communion eucharistique de la part des fidèles divorcés remariés *Annus internationalis Familiae* (14 septembre 1994): *AAS* 86 (1994), pp. 974-979; *La Documentation catholique* 91 (1994), pp. 930-932.

dans l'Eucharistie. Toutefois, les divorcés remariés, malgré leur situation, continuent d'appartenir à l'Église, qui les suit avec une attention spéciale, désirant qu'ils développent, autant que possible, un style de vie chrétien, par la participation à la Messe, mais sans recevoir la Communion, par l'écoute de la Parole de Dieu, par l'adoration eucharistique et la prière, par la participation à la vie de la communauté, par le dialogue confiant avec un prêtre ou un guide spirituel, par le dévouement à la charité vécue et les œuvres de pénitence, par l'engagement dans l'éducation de leurs enfants.

Là où surgissent des doutes légitimes sur la validité du Mariage sacramentel qui a été contracté, il convient d'entreprendre ce qui est nécessaire pour en vérifier le bien-fondé. Il faut aussi s'assurer, dans le plein respect du droit canonique,[93] de la présence sur le territoire de tribunaux ecclésiastiques, de leur caractère pastoral, de leur fonctionnement correct et rapide.[94] Il importe qu'il y ait, dans chaque diocèse, un nombre suffisant de personnes préparées pour le bon fonctionnement des tribunaux ecclésiastiques. Je rappelle que « c'est une obligation grave que le travail institutionnel de

[93] Cf. Conseil pontifical pour les Textes législatifs, Instruction sur les normes à observer dans les tribunaux ecclésiastiques pour les causes matrimoniales *Dignitatis connubii* (25 janvier 2005), Cité du Vatican 2005.

[94] Cf. Proposition 40.

l'Église réalisé dans les tribunaux soit rendu toujours plus proche des fidèles».[95] Il est cependant nécessaire d'éviter de comprendre la préoccupation pastorale comme si elle était en opposition avec le droit. On doit plutôt partir du présupposé que le point fondamental de rencontre entre le droit et la pastorale est *l'amour de la vérité*: cette dernière en effet n'est jamais abstraite, mais «elle s'intègre dans l'itinéraire humain et chrétien de tout fidèle».[96] Enfin, là où la nullité du lien matrimonial n'est pas reconnue et où des conditions objectives rendent de fait la vie commune irréversible, l'Église encourage ces fidèles à s'engager à vivre leur relation selon les exigences de la Loi de Dieu, comme amis, comme frère et sœur; ils pourront ainsi s'approcher de la table eucharistique, avec les attentions prévues par la pratique éprouvée de l'Église. Un tel chemin, pour qu'il soit possible et qu'il porte du fruit, doit être soutenu par l'aide des pasteurs et par des initiatives ecclésiales appropriées, en évitant, dans tous les cas, de bénir ces relations, pour que ne surgissent pas chez les fidèles des confusions autour de la valeur du Mariage.[97]

[95] BENOÎT XVI, Discours au Tribunal de la Rote romaine à l'occasion de l'inauguration de l'année judiciaire (28 janvier 2006): *AAS* 98 (2006), p. 138; *La Documentation catholique* 103 (2006), p. 258.
[96] Cf. Proposition 40.
[97] Cf. *ibidem.*

Vu la complexité du contexte culturel dans lequel vit l'Église dans beaucoup de pays, le Synode a aussi recommandé d'avoir le plus grand soin pastoral pour la formation des fiancés et pour la vérification attentive de leurs convictions concernant les engagements prescrits pour la validité du sacrement de Mariage. Un sérieux discernement à ce sujet pourra éviter que des élans émotifs ou des raisons superficielles conduisent les deux jeunes à assumer des responsabilités qu'ils ne sauront ensuite honorer.[98] Le bien que l'Église et la société tout entière attendent du mariage et de la famille fondée sur lui est trop grand pour qu'on ne s'engage pas totalement dans ce domaine pastoral spécifique. Mariage et famille sont des institutions qui doivent être promues et garanties de toute équivoque possible quant à leur vérité, parce que tout dommage qui leur est causé constitue de fait une blessure pour la convivialité humaine comme telle.

EUCHARISTIE ET ESCHATOLOGIE

Eucharistie: don à l'homme en chemin

30. S'il est vrai que les sacrements sont une réalité qui appartient à l'Église qui chemine dans l'histoire[99] vers la pleine manifestation de la victoire

[98] Cf. *ibidem.*
[99] Cf. CONC. ŒCUM. VAT. II, Const. dogm. *Lumen gentium*, n. 48.

du Christ ressuscité, il est cependant tout aussi vrai que, spécialement dans la liturgie eucharistique, il nous est donné de goûter l'accomplissement eschatologique vers lequel tout homme et toute la création sont en chemin (cf. *Rm* 8, 19 s.). L'homme est créé pour le bonheur véritable et éternel, que seul l'amour de Dieu peut donner. Mais notre liberté blessée s'égarerait s'il n'était pas possible d'expérimenter dès maintenant quelque chose de l'accomplissement à venir. Du reste, tout homme a besoin, pour pouvoir cheminer dans la bonne direction, d'être orienté vers le but final. En réalité, cette fin ultime est le Christ Seigneur lui-même, vainqueur du péché et de la mort, qui se rend présent à nous de manière spéciale dans la célébration eucharistique. Ainsi, tout en étant encore, nous aussi, « des gens de passage et des voyageurs » (*1 P* 2, 11) dans ce monde, nous participons déjà dans la foi à la plénitude de la vie ressuscitée. Le banquet eucharistique, révélant sa dimension fortement eschatologique, vient en aide à notre liberté en chemin.

Le banquet eschatologique

31. Réfléchissant à ce mystère, nous pouvons dire que, par sa venue, Jésus s'est mis en rapport avec l'attente présente dans le peuple d'Israël, dans l'humanité tout entière et en définitive dans la création elle-même. Par le don de lui-même, il a objectivement inauguré le temps eschatologique. Le Christ est venu pour rassembler le peuple de Dieu dispersé (cf. *Jn* 11, 52), manifestant clairement l'intention de rassembler la communauté de l'alliance, pour porter à leur achèvement les promesses de Dieu faites à nos pères (cf. *Jr* 23, 3; 31, 10; *Lc* 1, 55.70). Dans l'appel des Douze, qu'il faut mettre en relation avec les douze tribus d'Israël, et dans le mandat qui leur est confié lors de la dernière Cène, avant sa Passion rédemptrice, de célébrer son mémorial, Jésus a montré qu'il voulait transférer à toute la communauté qu'il avait fondée le devoir d'être, dans l'histoire, le signe et l'instrument du rassemblement eschatologique, inauguré en lui. En toute célébration eucharistique se réalise donc sacramentellement le rassemblement eschatologique du peuple de Dieu. Le banquet eucharistique est pour nous une réelle anticipation du banquet final, annoncé par les prophètes (cf. *Is* 25, 6-9) et décrit par le Nouveau Testament comme « les noces de l'Agneau » (*Ap* 19, 7-9), qui doivent se célébrer dans la joie de la communion des saints.[100]

Prière pour les défunts

32. La célébration eucharistique, où nous annonçons la mort du Seigneur et où nous pro-

[100] Cf. Proposition 3.

clamons sa résurrection dans l'attente de sa venue, est le gage de la gloire future dans laquelle même nos corps seront glorifiés. Quand nous célébrons le Mémorial de notre salut, se renforce en nous l'espérance de la résurrection de la chair et de la possibilité de rencontrer de nouveau, face à face, ceux qui nous ont précédés, marqués du signe de la foi. Sur cet arrière-fond, je voudrais rappeler à tous les fidèles, avec les Pères synodaux, l'importance de la prière de suffrage pour les défunts, en particulier de la célébration de Messes à leur intention,[101] afin que, purifiés, ils puissent parvenir à la vision béatifique de Dieu. Redécouvrant la dimension eschatologique inscrite dans l'Eucharistie, célébrée et adorée, nous sommes ainsi soutenus dans notre chemin et confortés dans l'espérance de la gloire (cf. *Rm* 5, 2; *Tt* 2, 13).

L'Eucharistie et la Vierge Marie

33. Le contour de l'existence chrétienne, appelée à être à chaque instant un culte spirituel et une offrande de soi agréable à Dieu, émerge dans son ensemble du rapport entre l'Eucharistie et les

[101] Je voudrais rappeler ici les paroles pleines d'espérance et de réconfort que nous trouvons dans la *Deuxième Prière eucharistique*: «*Souviens-toi aussi de nos frères qui se sont endormis dans l'espérance de la résurrection et de tous les hommes qui ont quitté cette vie: reçois-les dans ta lumière, auprès de toi*».

autres sacrements, et de la signification eschatologique des saints Mystères. Et s'il est vrai que nous sommes tous encore en chemin vers le plein accomplissement de notre espérance, cela n'enlève pas qu'on puisse reconnaître dès maintenant avec gratitude que ce que Dieu nous a donné trouve sa parfaite réalisation dans la Vierge Marie, Mère de Dieu et notre Mère: son Assomption au ciel, corps et âme, est pour nous signe d'espérance certaine, en tant qu'elle nous montre à nous, pèlerins dans le temps, le but eschatologique que le sacrement de l'Eucharistie nous fait goûter dès maintenant.

En Marie très sainte nous voyons aussi parfaitement actualisée la modalité sacramentelle par laquelle Dieu rejoint et engage la créature humaine dans son initiative salvifique. De l'Annonciation à la Pentecôte, Marie de Nazareth apparaît comme la personne dont la liberté est totalement disponible à la volonté de Dieu. Son Immaculée Conception se révèle précisément dans sa docilité inconditionnelle à la Parole divine. La foi obéissante est la forme que sa vie assume en chaque instant devant l'action de Dieu. Vierge à l'écoute, elle vit en pleine syntonie avec la volonté divine; elle garde dans son cœur les paroles qui lui viennent de Dieu et, les ordonnant comme dans une mosaïque, elle se prépare à les comprendre plus profondément (cf. *Lc* 2, 19.51); Marie est la grande Croyante qui, pleine de confiance, se met entre les mains de Dieu, s'abandonnant à sa volonté.[102] Ce mystère s'intensifie jusqu'à parvenir à son plein achèvement dans la mission rédemptrice de Jésus. Comme l'a affirmé le Concile Vatican II, « la bienheureuse Vierge, elle aussi, avança dans son pèlerinage de foi, et elle a gardé fidèlement son union avec son Fils jusqu'à la croix, au pied de laquelle, non sans un dessein divin, elle se tint debout (cf. *Jn* 19, 25), compatissant vivement avec son Fils unique, s'associant d'un cœur maternel à son sacrifice et donnant le consentement de son amour à l'immolation de la victime née d'elle; et finalement, elle a été donnée par le Christ Jésus lui-même, mourant sur la croix, comme mère au disciple, par ces paroles: "Femme, voici ton fils" ».[103] De l'Annonciation à la Croix, Marie est celle qui accueille la Parole faite chair en elle et qui va jusqu'à se taire dans le silence de la mort. C'est elle, enfin, qui reçoit dans ses bras le corps livré, désormais inanimé, de Celui qui vraiment a aimé les siens « jusqu'au bout » (*Jn* 13, 1).

C'est pourquoi, chaque fois que dans la liturgie eucharistique nous nous approchons du Corps et du Sang du Christ, nous nous tournons également vers elle qui a accueilli pour toute l'Église le sacrifice du Christ, en y adhérant pleinement. Les

[102] Cf. Benoît XVI, Homélie pour le 40e anniversaire de la clôture du Concile Vatican II (8 décembre 2005): *AAS* 98 (2006), pp. 14-19; *La Documentation catholique* 103 (2006), pp. 66-69.
[103] Const. dogm. *Lumen gentium*, n. 58.

Pères synodaux ont justement affirmé que « Marie inaugure la participation de l'Église au sacrifice du Rédempteur ».[104] Elle est l'Immaculée qui accueille inconditionnellement le don de Dieu et, de cette façon, elle est associée à l'œuvre du salut. Marie de Nazareth, icône de l'Église naissante, nous montre que chacun de nous est appelé à accueillir le don que Jésus fait de lui-même dans l'Eucharistie.

[104] Proposition 4.

DEUXIÈME PARTIE

EUCHARISTIE, MYSTÈRE À CÉLÉBRER

« Amen, amen, je vous le dis: ce n'est pas Moïse qui vous a donné le pain venu du ciel; c'est mon Père qui vous donne le vrai pain venu du ciel » (*Jn* 6, 32)

Lex orandi et lex credendi

34. Le Synode des Évêques a beaucoup réfléchi sur la relation intrinsèque entre foi eucharistique et célébration, mettant en évidence le lien entre *lex orandi* et *lex credendi*, et soulignant le primat de l'*action liturgique.* Il est nécessaire de vivre l'Eucharistie comme mystère de la foi authentiquement célébré, dans la conscience claire que « l'*intellectus fidei* est toujours originellement en rapport avec l'action liturgique de l'Église ».[105] Dans cette perspective, la réflexion théologique ne peut jamais faire abstraction de l'ordre sacramentel institué par le Christ lui-même. D'autre part, l'action litur-

[105] *Relatio post disceptationem*, n. 4: *L'Osservatore Romano en langue française*, n. 46 (15 novembre 2005), p. 8.

gique ne peut jamais être considérée d'une manière générique, indépendamment du mystère de la foi. En effet, la source de notre foi et de la liturgie eucharistique est le même événement: le don que le Christ fait de lui-même dans le Mystère pascal.

Beauté et liturgie

35 La relation entre mystère auquel on croit et mystère que l'on célèbre se manifeste d'une façon particulière dans la valeur théologique et liturgique de la beauté. En effet, la liturgie, comme du reste la Révélation chrétienne, a un lien intrinsèque avec la beauté: elle est *veritatis splendor*. Dans la liturgie resplendit le Mystère pascal par lequel le Christ lui-même nous attire à lui et nous appelle à la communion. En Jésus, comme saint Bonaventure aimait à le dire, nous contemplons la beauté et la splendeur des origines.[106] L'attribut auquel nous faisons référence n'est pas pur esthétisme, mais modalité par laquelle la vérité de l'amour de Dieu, manifesté dans le Christ, nous rejoint, nous fascine et nous emporte, nous faisant sortir de nous-mêmes et nous attirant ainsi vers notre vocation

[106] Cf. *Sermo* 1, 7; 7, 10; 22, 7; 29, 76 : *Sermones Dominicales ad fidem codicum nunc denuo editi*, Grottaferrata (1977), pp. 135, 209s, 292s, 337; BENOÎT XVI, Message au Mouvements ecclésiaux et aux Communautés nouvelles (22 mai 2006): *AAS* 98 (2006), p. 463; *La Documentation catholique* 103 (2006), p. 620.

véritable: l'amour.[107] Déjà dans la création, Dieu se laisse entrevoir dans la beauté et dans l'harmonie du cosmos (cf. *Sg* 13, 5; *Rm* 1, 19-20). Dans l'Ancien Testament, nous trouvons aussi des signes remarquables de la splendeur de la puissance de Dieu, qui se manifeste par sa gloire à travers les prodiges réalisés au milieu du peuple élu (cf. *Ex* 14; 16, 10; 24, 12-18; *Nb* 14, 20-23). Dans le Nouveau Testament, cette épiphanie de beauté s'accomplit de manière définitive dans la révélation de Dieu en Jésus Christ:[108] il est la pleine manifestation de la gloire divine. Dans la glorification du Fils, la gloire du Père resplendit et elle se communique (cf. *Jn* 1, 14; 8, 54; 12, 28; 17, 1). Toutefois, cette beauté n'est pas une simple harmonie de formes; celui qui est « beau, comme aucun des enfants des hommes » (*Ps* 45 [44], 3) est aussi mystérieusement celui qui « n'était ni beau ni brillant pour attirer nos regards » (*Is* 53, 2). Jésus Christ nous montre que la vérité de l'amour sait transfigurer aussi le mystère obscur de la mort dans la lumière rayonnante de la résurrection. Ici, la splendeur de la gloire de Dieu dépasse toute beauté présente dans le monde. La beauté véritable est l'amour de Dieu, qui s'est définitivement révélé à nous dans le mystère pascal.

[107] Cf. Conc. œcum. Vat. II, Const. past. *Gaudium et spes*, n. 22.

[108] Cf. Conc. œcum. Vat. II, Const. dogm. sur la Révélation divine *Dei Verbum*, nn. 2.4.

La beauté de la liturgie fait partie de ce mystère; elle est expression très haute de la gloire de Dieu et elle constitue, en un sens, le Ciel qui vient sur la terre. Le mémorial du sacrifice rédempteur porte en lui-même les traits de la beauté de Jésus dont Pierre, Jacques et Jean ont donné témoignage quand le Maître, en marche vers Jérusalem, voulut être transfiguré devant eux (cf. *Mc* 9, 2). Par conséquent, la beauté n'est pas un facteur décoratif de l'action liturgique; elle en est plutôt un élément constitutif, en tant qu'elle est un attribut de Dieu lui-même et de sa révélation. Tout cela doit nous rendre conscients de l'attention que nous devons avoir afin que l'action liturgique resplendisse selon sa nature propre.

La célébration eucharistique, œuvre du « Christus totus »

Christus totus in capite et in corpore

36. La beauté intrinsèque de la liturgie a pour sujet propre le Christ ressuscité et glorifié dans l'Esprit Saint, qui inclut l'Église dans son action.[109] Dans cette perspective, il est très suggestif de se rappeler les paroles de saint Augustin qui décrivent

[109] Proposition 33.

de manière efficace la dynamique de foi propre à l'Eucharistie. Le grand saint d'Hippone, en faisant justement référence au Mystère eucharistique, fait apparaître que le Christ lui-même nous assimile à lui: « Ce pain que vous voyez sur l'autel, sanctifié par la parole de Dieu, est le corps du Christ. La coupe, ou mieux encore ce que la coupe contient, sanctifié par les paroles de Dieu, est le sang du Christ. Par ces signes, le Christ Seigneur a voulu nous confier son corps et son sang, qu'il a répandu pour nous, pour la rémission des péchés. Si vous les avez bien reçus, vous êtes vous-mêmes celui que vous avez reçu ».[110] Par conséquent, « nous sommes devenus, non seulement des chrétiens, mais le Christ lui-même ».[111] Par là, nous pouvons contempler la mystérieuse action de Dieu qui comporte l'unité profonde entre nous et le Seigneur Jésus: « Le Christ n'est pas dans la tête sans être dans le corps, le Christ est tout entier dans la tête et dans le corps ».[112]

L'Eucharistie et le Christ ressuscité

37. Puisque la liturgie eucharistique est essentiellement *actio Dei* dont nous sommes participants

110 *Sermo* 227, 1: *PL* 38, 1099; *SCh* n. 116 (1966), pp. 235.237.

111 S. Augustin, *In Iohannis Evangelium Tractatus*, 21, 8: *PL* 35, 1568; *Études augustiniennes*, n. 72 (1988), p. 287.

112 *Ibidem*, 28, 1: *PL* 35, 1622; *Études augustiniennes* n. 72 (1988), p. 569.

en Jésus par l'Esprit, son fondement n'est pas à la disposition de notre arbitraire et il ne peut subir la pression des modes du moment. L'irréfutable affirmation de saint Paul vaut aussi dans ce cas: «Les fondations, personne ne peut en poser d'autres que celles qui existent déjà: ces fondations, c'est Jésus Christ» (*1 Co* 3, 11). L'Apôtre des Nations nous assure encore, pour ce qui est de l'Eucharistie, qu'il ne nous communique pas une doctrine personnelle, mais ce que lui-même a reçu (cf. *1 Co* 11, 23). La célébration de l'Eucharistie implique, en effet, la Tradition vivante. L'Église célèbre le Sacrifice eucharistique en obéissance au commandement du Christ, à partir de l'expérience du Ressuscité et de l'effusion de l'Esprit Saint. Pour cette raison, la communauté chrétienne se réunit depuis les origines pour la *fractio panis,* le Jour du Seigneur. Le dimanche, jour où le Christ est ressuscité d'entre les morts, est aussi le premier jour de la semaine, celui en qui la tradition vétéro-testamentaire voyait le commencement de la création. Le jour de la création est désormais devenu le jour de la «création nouvelle», le jour de notre libération où nous faisons mémoire du Christ mort et ressuscité.[113]

[113] Cf. Proposition 30. La Messe que l'Église célèbre au cours de la semaine et à laquelle les fidèles sont invités à participer trouve aussi sa forme initiale dans le Jour du Seigneur, le jour de la Résurrection du Christ: Proposition 43.

38. Au cours des travaux du Synode, on a recommandé à de nombreuses reprises la nécessité de dépasser toute séparation possible entre l'*ars celebrandi*, à savoir l'art de bien célébrer, et la participation pleine, active et fructueuse de tous les fidèles. En effet, le premier moyen de favoriser la participation du peuple de Dieu au Rite sacré est la célébration appropriée du Rite lui-même. *L'ars celebrandi* est la meilleure condition pour une *actuosa participatio*.[114] L'*ars celebrandi* découle de l'obéissance fidèle aux normes liturgiques dans leur totalité, puisque c'est justement cette façon de célébrer qui a assuré, depuis 2000 ans, la vie de foi de tous les croyants, qui sont appelés à vivre la célébration en tant que peuple de Dieu, sacerdoce royal, nation sainte (cf. *1 P* 2, 4-5.9).[115]

L'Évêque, liturge par excellence

39. S'il est vrai que le peuple de Dieu tout entier participe à la Liturgie eucharistique, cependant, en relation avec un *ars celebrandi* correct, une tâche indéniable revient à ceux qui ont reçu le sacrement de l'Ordre. Évêques, prêtres et diacres,

[114] Cf. Proposition 2.
[115] Cf. Proposition 25.

chacun selon son degré, doivent considérer la célébration comme leur principal devoir.[116] Cela concerne avant tout l'Évêque diocésain: en effet, en tant que « premier dispensateur des mystères de Dieu dans l'Église particulière qui lui est confiée, il est le guide, le promoteur et le gardien de toute la vie liturgique ».[117] Tout cela est décisif pour la vie de l'Église particulière non seulement du fait que la communion avec l'Évêque est la condition pour que toute célébration sur son territoire soit légitime, mais aussi parce qu'il est lui-même le liturge par excellence de son Église.[118] Il lui revient de sauvegarder l'unité unanime des célébrations dans son diocèse. L'Évêque doit donc faire en sorte « que les prêtres, les diacres et les fidèles comprennent toujours plus le sens authentique des rites et des textes liturgiques et qu'ils soient ainsi conduits à une cé-

[116] Cf. Proposition 19. La Proposition 25 spécifie: « Une authentique action liturgique exprime le caractère sacré du Mystère eucharistique. Elle devra transparaître dans les paroles et dans les actions du prêtre qui célèbre, tandis qu'il intercède auprès de Dieu le Père soit avec les fidèles, soit pour eux ».

[117] *Présentation générale du Missel romain*, n. 22; Cf. CONC. ŒCUM. VAT. II, Constitution *Sacrosanctum Concilium*, n. 41; CONGRÉGATION POUR LE CULTE DIVIN ET LA DISCIPLINE DES SACREMENTS, Instr. *Redemptionis Sacramentum* (25 mars 2004), nn. 19-25: *AAS* 96 (2004), pp. 555-557; *La Documentation catholique* 101 (2004), pp. 464-466.

[118] Cf. CONC. ŒCUM. VAT. II, Décret *Christus Dominus,* n. 14; Constitution *Sacrosanctum Concilium,* n. 41.

lébration de l'Eucharistie active et fructueuse».[119] J'exhorte en particulier à faire tout ce qui est nécessaire pour que les célébrations liturgiques présidées par l'Évêque dans l'Église cathédrale se déroulent dans le plein respect de l'*ars celebrandi*, afin qu'elles puissent être considérées comme le modèle pour toutes les églises présentes sur le territoire.[120]

Le respect des livres liturgiques et de la richesse des signes

40. En soulignant l'importance de l'*ars celebrandi*, on met par conséquent en lumière la valeur des normes liturgiques.[121] L'*ars celebrandi* doit favoriser le sens du sacré et l'utilisation des formes extérieures qui éduquent à un tel sens, comme par exemple l'harmonie du rite, des vêtements liturgiques, de l'ameublement et du lieu sacré. Là où les prêtres et les responsables de la pastorale liturgique s'emploient à faire connaître les livres liturgiques et les normes liturgiques en vigueur, mettant en évidence les grandes richesses de la *Présentation générale du Missel romain* et de la *Présentation des Lectures de la Messe*, la célébration eucharistique en tire profit. Dans les communautés ecclésiales, on croit peut-être déjà les connaître et pouvoir porter un

[119] *Présentation générale du Missel romain*, n. 22.
[120] Cf. *ibidem*.
[121] Cf. Proposition 25.

jugement éclairé sur elles, mais, souvent, il n'en est pas ainsi. En réalité, ces textes contiennent des richesses qui conservent et qui expriment la foi et le chemin du peuple de Dieu au long des deux millénaires de son histoire. Pour un *ars celebrandi* correct, il est tout aussi important d'être attentif à toutes les formes de langage prévues par la liturgie: parole et chant, gestes et silences, mouvements du corps, couleurs liturgiques des vêtements. En effet, la liturgie possède de par sa nature une variété de registres de communication qui lui permettent de parvenir à intégrer tout l'être humain. La simplicité des gestes et la sobriété des signes, effectués dans l'ordre et dans les moments prévus, communiquent et impliquent plus que le caractère artificiel d'ajouts inopportuns. L'attention et l'obéissance à la structure propre du rite, tout en exprimant la reconnaissance du caractère de don de l'Eucharistie, manifestent la volonté du ministre d'accueillir, avec une docile gratitude, ce don ineffable.

L'art au service de la célébration

41. Le lien profond entre la beauté et la liturgie doit nous rendre attentifs à toutes les expressions artistiques mises au service de la célébration.[122] Un aspect important de l'art sacré est

[122] Cf. CONC. ŒCUM. VAT. II, Const. *Sacrosanctum Concilium*, nn. 112-130.

certainement *l'architecture* des églises,[123] dans lesquelles doit ressortir l'unité entre les éléments constitutifs du chœur: autel, crucifix, tabernacle, ambon, siège. À ce propos, on doit garder présent à l'esprit que l'architecture sacrée a pour but d'offrir à l'Église qui célèbre les mystères de la foi, en particulier l'Eucharistie, l'espace le plus adapté au déroulement approprié de son action liturgique.[124] En effet, la nature du temple chrétien est définie par l'action liturgique elle-même, qui implique le rassemblement des fidèles (*ecclesia*), qui sont les pierres vivantes du temple (cf. *1 P* 2, 5).

Ce même principe vaut pour tout l'art sacré en général, spécialement la peinture et la sculpture, dans lequel l'iconographie religieuse doit être orientée vers la mystagogie sacramentelle. Une connaissance approfondie des formes que l'art sacré a su produire tout au long des siècles peut être d'une grande aide pour les personnes qui, face aux architectes et aux artistes, ont la responsabilité de la commande d'œuvres artistiques liées à l'action liturgique. Il est donc indispensable que dans la formation des séminaristes et des prêtres soit incluse, comme discipline importante, l'histoire de l'art, avec une référence spéciale aux édifices du culte à la lumière des normes liturgiques. En défi-

[123] Cf. Proposition 27.
[124] Cf. *ibidem*.

nitive, il est nécessaire qu'en tout ce qui concerne l'Eucharistie, on ait le goût de la beauté. On devra donc respecter et soigner aussi les vêtements liturgiques, le mobilier, les vases sacrés, afin que, reliés entre eux de façon organique et ordonnée, ils entretiennent la vénération pour le mystère de Dieu, qu'ils manifestent l'unité de la foi et qu'ils renforcent la dévotion.[125]

Le chant liturgique

42. Dans l'*ars celebrandi*, le chant liturgique occupe une place importante.[126] Saint Augustin a raison, lorsqu'il affirme dans un sermon célèbre: « L'homme nouveau sait quel est le cantique nouveau. Chanter, c'est exprimer sa joie et, si nous y pensons avec un peu plus d'attention, c'est exprimer son amour ».[127] Le peuple de Dieu rassemblé pour la célébration chante les louanges de Dieu. L'Église, dans son histoire bimillénaire, a créé et continue de créer des musiques et des chants qui constituent un patrimoine de foi et d'amour qui ne doit pas être perdu. En réalité, dans la liturgie nous

[125] Pour tout ce qui concerne ces aspects, il convient de s'en tenir fidèlement à ce qui est indiqué dans la *Présentation générale du Missel romain*, nn. 281-310.

[126] Cf. *Présentation générale du Missel romain*, n. 19; CONC. ŒCUM. VAT. II, Const. *Sacrosanctum Concilium*, nn. 112-118.

[127] *Sermo* 34, 1: *PL 38*, 210.

ne pouvons pas dire qu'un cantique équivaut à un autre. À ce sujet, il convient d'éviter l'improvisation générale ou l'introduction de genres musicaux qui ne sont pas respectueux du sens de la liturgie. En tant qu'élément liturgique, le chant doit s'intégrer dans la forme propre de la célébration.[128] Par conséquent, tout – dans le texte, dans la mélodie, dans l'exécution – doit correspondre au sens du mystère célébré, aux différents moments du rite et aux temps liturgiques.[129] Enfin, tout en tenant compte des diverses orientations et des diverses traditions très louables, je désire que, comme les Pères synodaux l'ont demandé, le chant grégorien,[130] en tant que chant propre de la liturgie romaine,[131] soit valorisé de manière appropriée.

La structure de la célébration eucharistique

43. Après avoir rappelé les éléments essentiels de l'*ars celebrandi* qui sont apparus dans les travaux synodaux, je voudrais attirer l'attention de

[128] Cf. Proposition 25: « Comme toutes les expressions artistiques, le chant doit aussi être intimement harmonisé avec la liturgie, participer de manière efficace à sa fin, c'est-à-dire exprimer la foi, la prière, la vénération, l'amour envers Jésus présent dans l'Eucharistie ».

[129] Cf. Proposition 29.

[130] Cf. Proposition 36.

[131] Cf. Conc. Œcum. Vat. II, Const. *Sacrosanctum Concilium*, n. 116; *Présentation générale du Missel romain*, n. 19.

manière plus spécifique sur quelques parties de la structure de la célébration eucharistique, qui nécessitent, en notre temps, un soin particulier, afin de demeurer fidèles à l'intention profonde du renouveau liturgique voulu par le Concile Vatican II, en continuité avec toute la grande tradition ecclésiale.

Unité intrinsèque de l'action liturgique

44. Avant tout, il est nécessaire de réfléchir à l'unité intrinsèque du rite de la Messe. Il convient d'éviter que, dans les catéchèses ou dans les modalités de la célébration, on laisse paraître une vision juxtaposée des deux parties du rite. Liturgie de la Parole et liturgie eucharistique – mis à part les rites d'introduction et de conclusion – « sont si étroitement liées entre elles qu'elles forment un acte unique du culte ».[132] En effet, il existe un lien intrinsèque entre la Parole de Dieu et l'Eucharistie. En écoutant la Parole de Dieu, la foi naît ou se renforce (cf. *Rm* 10, 17); dans l'Eucharistie, le Verbe fait chair se donne à nous comme nourriture

[132] *Présentation générale du Missel romain*, n. 8; cf. CONC. ŒCUM. VAT. II, Const. *Sacrosanctum Concilium*, n. 56; SACRÉE CONGRÉGATION DES RITES, Instr. *Eucharisticum Mysterium* (25 mai 1967), n. 3: *AAS* 57 (1967), pp. 540-543; *La Documentation catholique* 64 (1967), col. 1092-1095.

spirituelle.[133] Ainsi, « des deux tables de la Parole de Dieu et du Corps du Christ, l'Église reçoit et offre aux fidèles le Pain de vie ».[134] Par conséquent, on doit constamment garder à l'esprit que la Parole de Dieu, lue par l'Église et annoncée dans la liturgie, conduit à l'Eucharistie comme à sa fin naturelle.

La liturgie de la Parole

45. Avec le Synode, je souhaite que la liturgie de la Parole soit toujours dûment préparée et vécue. Je recommande donc vivement que, dans les liturgies, on porte une grande attention à la proclamation de la Parole de Dieu par des lecteurs bien préparés. Nous ne devons jamais oublier que « lorsqu'on lit dans l'Église la sainte Écriture, c'est Dieu lui-même qui parle à son peuple, et c'est le Christ, présent dans sa parole, qui annonce son Évangile ».[135] Si les circonstances le requièrent, on peut penser à quelques mots d'introduction qui aident les fidèles à en avoir une conscience renouvelée. La Parole de Dieu, pour être bien comprise, doit être écoutée et accueillie dans un esprit ecclésial et dans la conscience de son unité avec le Sacrement de l'Eucharistie. En effet, la Parole que

[133] Cf. Proposition 18.
[134] *Ibid.*
[135] *Présentation générale du Missel romain*, n. 9.

nous annonçons et que nous écoutons est le Verbe fait chair (cf. *Jn* 1, 14) et elle fait intrinsèquement référence à la personne du Christ et à la modalité sacramentelle de sa permanence. Le Christ ne parle pas dans le passé mais dans notre présent, comme il est lui-même présent dans l'action liturgique. Sur cet arrière-fond sacramentel de la révélation chrétienne,[136] la connaissance et l'étude de la Parole de Dieu nous permettent d'apprécier, de célébrer et de mieux vivre l'Eucharistie. Là aussi se révèle dans toute sa vérité l'affirmation selon laquelle « l'ignorance des Écritures est l'ignorance du Christ ».[137]

Dans ce but, il est nécessaire qu'on aide les fidèles à apprécier les trésors de la Sainte Écriture présents dans le lectionnaire au moyen d'initiatives pastorales, de célébrations de la Parole et de la lecture priante (*lectio divina*). En outre, qu'on n'oublie pas de promouvoir les formes de prière confirmées par la tradition: la Liturgie des Heures, surtout les Laudes, les Vêpres, les Complies, de même que les Vigiles. La prière des Psaumes, les lectures bibliques et celles de la grande tradition présentées dans l'Office divin peuvent conduire à

[136] Cf. JEAN-PAUL II, Encycl. *Fides et ratio* (14 septembre 1998), n. 13: *AAS* 91 (1999), pp. 15-16; *La Documentation catholique* 95 (1998), pp. 905-906.

[137] S. JÉRÔME, *Comm. in Is., Prol.: PL* 24, 17; cf. CONC. ŒCUM. VAT. II, Const. dogm. *Dei Verbum*, n. 25.

une expérience approfondie de l'événement du Christ et de l'économie du salut, qui peut à son tour enrichir la compréhension et la participation à la célébration eucharistique.[138]

L'homélie

46. En relation avec l'importance de la Parole de Dieu, il est nécessaire d'améliorer la qualité de l'homélie. En effet, elle « fait partie de l'action liturgique »;[139] elle a pour fonction de favoriser une compréhension plus large et plus efficace de la Parole de Dieu dans la vie des fidèles. C'est pourquoi les ministres ordonnés doivent « préparer l'homélie avec soin, en se basant sur une connaissance appropriée de la Sainte Écriture ».[140] On évitera les homélies générales et abstraites. Je demande en particulier aux ministres de faire en sorte que l'homélie mette la Parole de Dieu proclamée en étroite relation avec la célébration sacramentelle[141] et avec la vie de la communauté, en sorte que la Parole de Dieu soit réellement soutien et vie de

[138] Cf. Proposition 31.

[139] *Présentation générale du Missel romain*, n. 9; cf. CONC. ŒCUM. VAT. II, Const. *Sacrosanctum Concilium*, nn. 7; 33; 52.

[140] Proposition 19.

[141] Cf. CONC. ŒCUM. VAT. II, Const. *Sacrosanctum Concilium*, n. 52.

l'Église.[142] Que l'on garde donc présent à l'esprit le but catéchétique et exhortatif de l'homélie. Il paraît opportun, à partir du lectionnaire triennal, de proposer aux fidèles, avec discernement, des homélies thématiques qui, tout au long de l'année liturgique, traiteront les grands thèmes de la foi chrétienne, puisant à ce qui est proposé avec autorité par le Magistère dans les quatre « piliers » du *Catéchisme de l'Église catholique* et dans le récent *Abrégé*: la profession de foi, la célébration du mystère chrétien, la vie dans le Christ, la prière chrétienne.[143]

La présentation des dons

47. Les Pères synodaux ont aussi attiré l'attention sur la présentation des dons. Il ne s'agit pas simplement d'une sorte de « pause » entre la liturgie de la Parole et la liturgie eucharistique. Cela supprimerait, entre autres, le sens de l'unique rite composé de deux parties liées entre elles. Dans ce geste humble et simple, se manifeste, en réalité, une signification très grande: dans le pain et dans le vin que nous apportons à l'autel, toute la création est assumée par le Christ Rédempteur pour être trans-

[142] Cf. CONC. ŒCUM. VAT. II, Const. dogm. *Dei Verbum*, n. 21.
[143] Le Synode a exhorté à ce sujet à élaborer des documents pastoraux, basés sur le lectionnaire triennal, qui aident à lier de manière intrinsèque la proclamation des lectures prévues à la doctrine de la foi: cf. Proposition 19.

formée et présentée au Père.[144] Dans cette perspective, nous portons aussi à l'autel toute la souffrance et toute la douleur du monde, dans la certitude que tout est précieux aux yeux de Dieu. Ce geste, pour être vécu dans sa signification authentique, n'a pas besoin d'être amplifié par des complications inopportunes. Il permet de mettre en valeur la participation que Dieu demande à l'homme, dès les origines, pour porter à son accomplissement l'œuvre divine en lui et pour donner ainsi un sens plénier au travail humain, qui, par la célébration eucharistique, est uni au sacrifice rédempteur du Christ.

La prière eucharistique

48. La prière eucharistique est « le centre et le sommet de toute la célébration ».[145] Son importance mérite d'être soulignée de manière appropriée. Les différentes prières eucharistiques contenues dans le Missel nous sont parvenues par la Tradition vivante de l'Église et elles se caractérisent par une richesse théologique et spirituelle inépuisable. Les fidèles doivent être en mesure de l'apprécier. La *Présentation générale du Missel romain* nous aide à le faire, nous rappelant les éléments fondamentaux de

[144] Cf. Proposition 20.
[145] *Présentation générale du Missel romain*, n. 54.

chaque prière eucharistique: action de grâce, acclamation, épiclèse, récit de l'institution, consécration, anamnèse, offrande, intercession et doxologie finale.[146] En particulier, la spiritualité eucharistique et la réflexion théologique sont mises en lumière si l'on contemple la profonde unité dans l'anaphore entre l'invocation de l'Esprit Saint et le récit de l'institution,[147] où « s'accomplit le sacrifice que le Christ lui-même institua à la dernière Cène ».[148] En effet, « par des invocations particulières, l'Église invoque la puissance de l'Esprit Saint, pour que les dons offerts par les hommes soient consacrés, c'est-à-dire deviennent le Corps et le Sang du Christ, et pour que la victime sans tache, que l'on reçoit dans la communion, contribue au salut de ceux qui vont y participer ».[149]

Le geste de paix

49. L'Eucharistie est par nature Sacrement de la paix. Cette dimension du Mystère eucharistique trouve dans la célébration liturgique une expression spécifique par le rite de l'échange de la paix. C'est sans aucun doute un signe de grande valeur

[146] Cf. *ibidem*, n. 55.
[147] Cf. Proposition 22.
[148] *Présentation générale du Missel romain*, n. 55 d.
[149] *Ibidem*, n. 55 c.

(cf. *Jn* 14, 27). À notre époque, si terriblement éprouvée par le poids des conflits, ce geste prend, même du point de vue de la sensibilité commune, un relief particulier en ce que l'Église considère toujours plus comme sa tâche propre, à savoir d'implorer du Seigneur le don de la paix et de l'unité pour elle-même et pour la famille humaine tout entière. La paix est certainement une aspiration irrépressible, présente dans le cœur de chacun. L'Église se fait la voix de la demande de paix et de réconciliation qui monte de l'esprit de toute personne de bonne volonté, en la faisant se tourner vers Celui qui « est notre paix » (*Ep* 2, 14) et qui peut réconcilier peuples et personnes, même là où les tentatives humaines échouent. À partir de tout cela, on comprend l'intensité avec laquelle le rite de la paix est ressenti dans la Célébration liturgique. À ce propos, durant le Synode des Évêques, il a paru toutefois opportun de modérer ce geste, qui peut prendre des expressions excessives, suscitant un peu de confusion dans l'assemblée juste avant la Communion. Il est bon de rappeler que la sobriété nécessaire pour maintenir un climat adapté à la célébration, par exemple en limitant l'échange de la paix avec la personne la plus proche, n'enlève rien à la haute valeur du geste.[150]

[150] Tenant compte des coutumes antiques et vénérables et des désirs exprimés par les Pères synodaux, j'ai demandé aux Dicastères

50. Un autre moment de la célébration auquel il est nécessaire de faire référence concerne la distribution et la réception de la sainte Communion. Je demande à tous, en particulier aux ministres ordonnés et aux personnes qui, préparées de manière appropriée et en cas de réelle nécessité, sont autorisées à exercer le ministère de la distribution de l'Eucharistie, de faire leur possible pour que le geste, dans sa simplicité, corresponde à sa valeur de rencontre personnelle avec le Seigneur Jésus dans le Sacrement. Pour ce qui est des prescriptions pour la pratique correcte, je renvoie aux documents récemment publiés.[151] Que toutes les communautés chrétiennes s'en tiennent fidèlement aux normes en vigueur, voyant en elles l'expression de la foi et de l'amour que tous doivent avoir pour ce sublime Sacrement. De plus, que l'on n'omette pas le temps précieux d'action de grâce après la Communion: outre l'exécution d'un

compétents d'étudier la possibilité de placer le geste de paix à un autre moment, par exemple avant la présentation des dons à l'autel. Ce choix, d'autre part, ne manquerait pas de rappeler de manière significative l'avertissement du Seigneur sur la réconciliation requise avant toute offrande à Dieu (cf. *Mt* 5, 23s). Cf. Proposition 23.

[151] Cf. Cong. pour le Culte divin et la Discipline des Sacrements, Instr. *Redemptionis Sacramentum* (25 mars 2004), nn. 80-96: *AAS* 96 (2004), pp. 574-577; *La Documentation catholique* 101 (2004), pp. 475-477.

chant opportun, il peut aussi être très utile de se recueillir en silence.[152]

À ce propos, je voudrais attirer l'attention sur un problème pastoral qu'il est fréquent de rencontrer de nos jours. Je fais référence au fait que, en certaines circonstances, comme par exemple lors de Messes célébrées à l'occasion de mariages, de funérailles ou d'événements analogues, participent à la célébration non seulement des fidèles pratiquants, mais aussi d'autres qui, malheureusement, ne s'approchent plus de l'autel depuis des années, ou qui peut-être se trouvent dans une situation de vie qui ne permet pas l'accès aux sacrements. Il arrive aussi que des personnes d'autres confessions chrétiennes ou même d'autres religions soient présentes. Des situations similaires se rencontrent dans des églises qui sont des buts de visite, surtout dans les grandes villes d'art. On comprend la nécessité de trouver alors des moyens brefs et incisifs pour rappeler à tous le sens de la communion sacramentelle et les conditions de sa réception. Là où se rencontrent des situations dans lesquelles il n'est pas possible de garantir la clarté qui s'impose sur le sens de l'Eucharistie, on doit évaluer l'opportunité de remplacer la célébration eucharistique par une célébration de la Parole de Dieu.[153]

[152] Cf. Proposition 34.
[153] Cf. Proposition 35.

L'envoi: « Ite, missa est »

51. Je voudrais souligner pour terminer ce que les Pères synodaux ont dit sur la salutation du renvoi à la fin de la célébration eucharistique. Après la bénédiction, le diacre ou le prêtre renvoie le peuple avec les paroles: *Ite, missa est.* Dans ce salut, il nous est donné de comprendre le rapport entre la Messe célébrée et la mission chrétienne dans le monde. Dans l'Antiquité, « *missa* » signifiait tout simplement « envoi » (*dimissio*). Dans l'usage chrétien, ce mot a trouvé une signification bien plus profonde. En réalité, l'expression « envoi » se transforme en « mission ». Ce salut exprime de manière synthétique la nature missionnaire de l'Église. Par conséquent, il est bon d'aider le peuple de Dieu à approfondir cette dimension constitutive de la vie ecclésiale, en s'inspirant de la liturgie. Dans cette perspective, pour la prière sur le peuple et pour la bénédiction finale, il peut être utile de disposer de textes dûment approuvés, qui expliquent ce lien.[154]

ACTUOSA PARTICIPATIO

Participation authentique

52. Le Concile Vatican II avait opportunément voulu un développement particulier de la

[154] Cf. Proposition 24.

participation active, pleine et fructueuse du peuple de Dieu tout entier à la célébration eucharistique.[155] Le renouveau mis en œuvre au cours de ces années a bien certainement favorisé des progrès notables dans la direction souhaitée par les Pères conciliaires. Nous ne devons pas cependant nous cacher qu'une certaine incompréhension, précisément sur le sens de cette participation, s'est parfois manifestée. Il convient par conséquent de dire clairement que, par ce mot, on n'entend pas faire référence à une simple attitude extérieure durant la célébration. En réalité, la participation active souhaitée par le Concile doit être comprise en termes plus substantiels, à partir d'une plus grande conscience du mystère qui est célébré et de sa relation avec l'existence quotidienne. Demeure encore totalement valable la recommandation de la Constitution conciliaire *Sacrosanctum Concilium* qui exhortait les fidèles à ne pas assister à la liturgie eucharistique « comme des spectateurs étrangers et muets », mais à participer « de façon consciente, pieuse et active à l'action sacrée ».[156] Développant la réflexion, le Concile poursuivait: que les fidèles « se

[155] Cf. CONC. ŒCUM. VAT. II, Const. *Sacrosanctum Concilium*, nn. 14-20; 30s; 48s; CONG. POUR LE CULTE DIVIN ET LA DISCIPLINE DES SACREMENTS, Instr. *Redemptionis Sacramentum* (25 mars 2004), nn. 36-42: *AAS* 96 (2004), pp. 561-564; *La Documentation catholique* 101 (2004), pp. 468-469.

[156] N. 48.

laissent instruire par la Parole de Dieu, refassent leurs forces à la table du Corps du Seigneur, rendent grâces à Dieu, et qu'offrant la victime sans tache non seulement par les mains du prêtre, mais aussi en union avec lui, ils apprennent ainsi à s'offrir eux-mêmes et soient conduits de jour en jour, par le Christ Médiateur, à la perfection de l'unité avec Dieu et de l'unité entre eux».[157]

Participation et ministère sacerdotal

53. La beauté et l'harmonie de l'action liturgique trouvent une expression significative dans l'ordre par lequel chacun est appelé à participer de manière active. Cela comporte la reconnaissance des différents rôles hiérarchiques présents dans la célébration elle-même. Il est utile de rappeler que la participation active à la célébration ne coïncide pas en soi avec l'accomplissement d'un ministère particulier. Surtout, une confusion qui serait engendrée par l'incapacité de distinguer, dans la communion ecclésiale, les diverses tâches qui reviennent à chacun, ne sert pas la cause de la participation active des fidèles.[158] Il est en particulier nécessaire

[157] *Ibidem.*

[158] Cf. CONG. POUR LE CLERGÉ et autres Dicastères de la Curie romaine, Instruction sur quelques questions concernant la collaboration des fidèles laïcs au ministère des prêtres *Ecclesiae de mysterio* (15 août 1997): *AAS* 89 (1997), pp. 852-877; *La Documentation catholique* 94 (1997), pp. 1009-1020.

que soient clarifiées les tâches spécifiques du prêtre. Ce dernier est de manière irremplaçable, comme l'atteste la Tradition de l'Église, celui qui préside la célébration eucharistique tout entière, depuis le salut initial jusqu'à la bénédiction finale. En vertu de l'Ordre sacré qu'il a reçu, il représente Jésus Christ, chef de l'Église et, selon son mode propre, il représente aussi l'Église elle-même.[159] Toute célébration de l'Eucharistie est en effet dirigée par l'Évêque, « soit par lui-même, soit par les prêtres qui le secondent ».[160] Il est aidé par le diacre, qui accomplit dans la célébration certains rôles spécifiques: préparer l'autel et assister le prêtre, annoncer l'Évangile, éventuellement faire l'homélie, proposer aux fidèles les intentions de la prière universelle, distribuer l'Eucharistie aux fidèles.[161] En relation avec ces ministères, liés au sacrement de l'Ordre, on trouve aussi d'autres ministères liés au service liturgique, accomplis de manière appréciable par des religieux et par des laïcs formés.[162]

[159] Cf. Proposition 33.

[160] *Présentation générale du Missel romain*, n. 59.

[161] Cf. *ibidem*, n. 61.

[162] Cf. Conc. œcum. Vat. II, Décret sur l'apostolat des laïcs *Apostolicam actuositatem*, n. 24; *Présentation générale du Missel romain*, nn. 65-73; Congr. pour le Culte divin et la Discipline des Sacrements, Instr. *Redemptionis Sacramentum* (25 mars 2004), nn. 43-47: *AAS* 96 (2004), pp. 564-566; *La Documentation catholique* 101 (2004), p. 470; Proposition 33: « Ces ministères devront être introduits selon un mandat spécifique et selon les exigences réelles

54. À partir des affirmations fondamentales du Concile Vatican II, l'importance de la participation active des fidèles au Sacrifice eucharistique a été plus d'une fois soulignée. Pour favoriser cette implication, on peut faire droit à certains aménagements appropriés aux divers contextes et aux différentes cultures.[163] Le fait qu'il y ait eu certains abus n'entache pas la clarté de ce principe, qui doit être maintenu selon les nécessités réelles de l'Église, qui vit et qui célèbre le même mystère du Christ dans des situations culturelles différentes. En effet, le Seigneur Jésus, précisément dans le mystère de l'Incarnation, naissant d'une femme comme homme parfait (cf. *Ga* 4, 4), s'est mis en relation directe non seulement avec les attentes présentes dans l'Ancien Testament, mais aussi avec celles que nourrissent tous les peuples. De cette façon, il a montré que Dieu entend nous rejoindre dans notre contexte de vie. Par conséquent, pour une participation plus efficace des fidèles aux saints Mystères, la poursuite du processus d'inculturation dans le

de la communauté qui célèbre. Les personnes chargées de ces services liturgiques confiés à des laïcs doivent être soigneusement choisies, bien préparées et accompagnées par une formation permanente. Leur nomination se fera pour un temps déterminé. Ces personnes doivent être connues par la communauté et elles doivent aussi recevoir d'elle une reconnaissance cordiale ».

[163] Cf. Conc. œcum. Vat. II, Const. *Sacrosanctum Concilium*, nn. 37-42.

cadre de la célébration eucharistique est utile, compte tenu des possibilités d'adaptation offertes par la *Présentation générale du Missel romain*,[164] interprétées à la lumière des critères fixés par la IVe Instruction de la Congrégation pour le Culte divin et la Discipline des Sacrements *Varietates legitimae* du 25 janvier 1994,[165] et par les directives exprimées par le Pape Jean-Paul II dans les exhortations post-synodales *Ecclesia in Africa*, *Ecclesia in America*, *Ecclesia in Asia*, *Ecclesia in Oceania*, *Ecclesia in Europa*.[166] Dans ce but, je recommande aux Conférences épiscopales d'agir en favorisant le juste équilibre entre les critères et les directives qui existent déjà et les nouveaux aménagements,[167] toujours en accord avec le Siège apostolique.

[164] Cf. *Présentation générale du Missel romain*, Normes universelles de l'année liturgique, nn. 48-61.

[165] *AAS* 87 (1995), pp. 288-314; *La Documentation catholique* 91 (1994), pp. 435-446.

[166] Cf. Exhort. apost. post-synodale *Ecclesia in Africa* (14 septembre 1995), nn. 55-71: *AAS* 88 (1996), pp. 33-47; *La Documentation catholique* 92 (1995), pp. 830-835. Exhort. apost. post-synodale *Ecclesia in America* (22 janvier 1999), nn. 16; 40; 64; 70-72: *AAS* 91 (1999), pp. 752-753; 775-776; 799; 805-809; *La Documentation catholique* 96 (1999), pp. 112; 121-122; 131; 134-135. Exhort. apost. post-synodale *Ecclesia in Asia* (6 novembre 1999), nn. 21-22: *AAS* 92 (2000), pp. 482-487; *La Documentation catholique* 96 (1999), pp. 990-991. Exhort. apost. post-synodale *Ecclesia in Oceania* (22 novembre 2001), n. 16: *AAS* 94 (2002), pp. 382-384; *La Documentation catholique* 98 (2001), pp. 1082-1083. Exhort. apost. post-synodale *Ecclesia in Europa* (28 juin 2003), nn. 58-60: *AAS* 95 (2003), pp. 685-686; *La Documentation catholique* 100 (2003), p. 689.

[167] Cf. Proposition 26.

Conditions personnelles pour une « actuosa participatio »

55. Considérant le thème de l'*actuosa participatio* des fidèles au rite sacré, les Pères synodaux ont mis aussi en relief les conditions personnelles dans lesquelles doit se trouver tout fidèle pour une participation fructueuse.[168] L'une d'elles est assurément l'esprit de constante conversion qui doit caractériser la vie de tous les fidèles. On ne peut attendre une participation active à la liturgie eucharistique si l'on s'en approche de manière superficielle, sans s'interroger auparavant sur sa propre vie. Le recueillement et le silence, au moins quelques minutes avant le début de la liturgie, le jeûne et, lorsque cela est nécessaire, la Confession sacramentelle, favorisent, par exemple, cette disposition intérieure. Un cœur réconcilié avec Dieu permet la vraie participation. Il convient en particulier de rappeler aux fidèles le fait qu'une *actuosa participatio* aux saints Mystères ne peut pas se réaliser si l'on ne cherche pas en même temps à prendre une part active à la vie ecclésiale dans son intégralité, qui comprend aussi l'engagement missionnaire de porter l'amour du Christ dans la société.

Sans aucun doute, la pleine participation à l'Eucharistie se réalise quand on s'approche aussi personnellement de l'autel pour recevoir la Com-

[168] Cf. Proposition 35; CONC. ŒCUM. VAT. II, Const. *Sacrosanctum Concilium*, n. 11.

munion.[169] Toutefois, on doit veiller à ce que cette juste affirmation n'introduise pas parmi les fidèles un certain automatisme, comme si par le seul fait de se trouver dans une église durant la liturgie on avait le droit ou peut-être même le devoir de s'approcher de la Table eucharistique. Quand il n'est pas possible de s'approcher de la communion sacramentelle, la participation à la Messe demeure cependant nécessaire, valable, significative et fructueuse. Dans ces circonstances, il est bon de cultiver le désir de la pleine union avec le Christ, par exemple par la pratique de la communion spirituelle, rappelée par Jean-Paul II[170] et recommandée par de Saints maîtres de vie spirituelle.[171]

Participation des chrétiens non catholiques

56. Avec le thème de la participation, nous avons inévitablement à traiter la question des chrétiens appartenant à des Églises ou à des Communautés ecclésiales qui ne sont pas en pleine communion avec l'Église catholique. À ce sujet,

[169] Cf. *Catéchisme de l'Église catholique*, n. 1388; CONC. ŒCUM. VAT. II, Const. *Sacrosanctum Concilium*, n. 55.

[170] Cf. Encycl. *Ecclesia de Eucharistia* (17 avril 2003), n. 34: AAS 95 (2003), p. 456; *La Documentation catholique* 100 (2003), p. 380.

[171] Tels, par exemple, S. THOMAS D'AQUIN, *Somme théologique*, III, q. 80, a. 1, 2; S. THÉRÈSE DE JÉSUS, *Le chemin de la perfection*, ch. 35. La doctrine a été confirmée avec autorité par le Concile de Trente, sess. XIII, c. VIII.

on doit dire que, d'une part, le lien intrinsèque existant entre l'Eucharistie et l'unité de l'Église nous fait désirer ardemment le jour où nous pourrons célébrer la divine Eucharistie avec tous ceux qui croient au Christ et exprimer ainsi visiblement la plénitude de l'unité que le Christ a voulue pour ses disciples (cf. *Jn* 17, 21). D'autre part, le respect que nous devons au sacrement du Corps et du Sang du Christ nous empêche d'en faire un simple « moyen » à utiliser sans discrimination pour atteindre cette unité elle-même.[172] L'Eucharistie, en effet, ne manifeste pas seulement notre communion personnelle avec Jésus Christ, mais elle implique aussi la pleine *communio* avec l'Église. C'est donc là le motif pour lequel nous demandons, avec souffrance, mais non sans espérance, aux chrétiens non catholiques de comprendre et de respecter notre conviction qui se réfère à la Bible et à la Tradition. Nous considérons que la Communion eucharistique et la communion ecclésiale sont si intimement liées que cela rend généralement impossible, pour les chrétiens non catholiques, d'accéder à l'une sans jouir de l'autre. Une concélébration véritable avec les ministres d'Églises ou de Communautés ecclé-

[172] Cf. JEAN-PAUL II, Encycl. *Ut unum sint* (25 mai 1995), n. 8: *AAS* 87 (1995), pp. 925-926; *La Documentation catholique* 92 (1995), p. 569.

siales qui ne sont pas en pleine communion avec l'Église catholique serait plus encore privée de sens. Il reste vrai toutefois qu'en vue du salut éternel, il est possible d'admettre des chrétiens non catholiques individuellement à l'Eucharistie, au sacrement de la Pénitence et à l'Onction des malades. Cela suppose cependant de vérifier qu'il s'agit de situations déterminées et exceptionnelles selon des conditions précises.[173] Elles sont clairement indiquées dans le *Catéchisme de l'Église catholique*[174] et dans son *Abrégé*.[175] C'est le devoir de chacun de s'y tenir fidèlement.

Participation par les moyens de communication

57. En raison du développement formidable des moyens de communication, au cours des dernières décennies, le mot «participation» a acquis une signification plus ample que dans le passé.

[173] Cf. Proposition 41; CONC. ŒCUM. VAT. II, Décret sur l'œcuménisme *Unitatis redintegratio,* nn. 8, 15; JEAN-PAUL II, Encycl. *Ut unum sint* (25 mai 1995), n. 46: *AAS* 87 (1995), p. 948; *La Documentation catholique* 92 (1995), p. 580; Encycl. *Ecclesia de Eucharistia* (17 avril 2003), nn. 45-46: *AAS* 95 (2003), pp. 463-464; *La Documentation catholique* 100 (2003), pp. 383-384. *Code de Droit canonique*, can. 844 §§ 3-4; *Code des Canons des Églises orientales*, can. 671 §§ 3-4; CONSEIL PONT. POUR LA PROMOTION DE L'UNITÉ DES CHRÉTIENS, *Directoire pour l'application des Principes et des Normes sur l'œcuménisme* (25 mars 1993), nn. 125, 129-131: *AAS* 85 (1993), pp. 1087, 1088-1089; *La Documentation catholique* 90 (1993), pp. 630-631.

[174] Cf., nn. 1398-1401.

[175] Cf. n. 293.

Nous reconnaissons tous avec satisfaction que ces instruments offrent aussi de nouvelles possibilités pour la célébration eucharistique.[176] Cela requiert des agents pastoraux de ce secteur une préparation spécifique et un vif sens de la responsabilité. En effet, la Messe transmise à la télévision prend inévitablement un certain caractère d'exemplarité. On doit donc être particulièrement attentif à ce que la célébration, non seulement se déroule dans des lieux dignes et bien préparés, mais respecte les normes liturgiques.

Enfin, pour ce qui concerne la valeur de la participation à la Messe, rendue possible par les moyens de communication, celui qui assiste à ces retransmissions doit savoir que, dans des conditions normales, il ne satisfait pas au précepte dominical. En effet, le langage de l'image représente la réalité, mais il ne la reproduit pas en elle-même.[177] S'il est très louable que les personnes âgées et les malades participent à la Messe dominicale par les retransmissions radio-télévisées, on ne pourrait en dire autant de celui qui, par ces retransmissions, voudrait se dispenser de se rendre à l'église pour

[176] Cf. CONSEIL PONT. POUR LES COMMUNICATIONS SOCIALES, Instr. past. sur les communications sociales pour le 20e anniversaire de « Communio et progressio », A*etatis novae* (22 février 1992): AAS 84 (1992), pp. 447-468; *La Documentation catholique* 89 (1992), pp. 359-367.

[177] Cf. Proposition 29.

participer à la célébration eucharistique dans l'assemblée de l'Église vivante.

«Actuosa participatio» des malades

58. Considérant la condition de ceux qui, pour des raisons de santé ou d'âge, ne peuvent pas se rendre dans les lieux de culte, je voudrais attirer l'attention de toute la communauté ecclésiale sur la nécessité pastorale d'assurer l'assistance spirituelle aux malades, à ceux qui restent chez eux ou qui se trouvent à l'hôpital. À plusieurs reprises au cours du Synode des Évêques leur condition a été mentionnée. Il faut faire en sorte que nos frères et sœurs puissent s'approcher fréquemment de la communion sacramentelle. Renforçant de cette façon leur relation avec le Christ crucifié et ressuscité, ils pourront ressentir leur existence comme pleinement insérée dans la vie et dans la mission de l'Église par l'offrande de leur souffrance en union avec le sacrifice de notre Seigneur. Une attention particulière doit être réservée aux personnes handicapées; là où leur condition le leur permet, la communauté chrétienne doit favoriser leur participation à la célébration dans le lieu de culte. À ce propos, on fera en sorte d'enlever des lieux de culte d'éventuels obstacles architecturaux qui empêchent l'accès aux personnes handicapées. Enfin, la communion eucharistique doit aussi être assurée, autant que possible, aux handicapés mentaux, baptisés et confirmés: ils reçoivent l'Eucharistie dans la foi également de leur famille ou de la communauté qui les accompagne.[178]

L'attention aux prisonniers

59. La tradition spirituelle de l'Église, se fondant sur une parole précise du Christ (cf. *Mt* 25, 36), a reconnu dans la visite aux prisonniers l'une des œuvres de miséricorde corporelle. Les personnes qui se trouvent dans cette situation ont particulièrement besoin d'être visitées par le Seigneur lui-même dans le sacrement de l'Eucharistie. Faire l'expérience de la proximité de la communauté ecclésiale, participer à l'Eucharistie et recevoir la sainte Communion dans une période de la vie si particulière et si douloureuse peut certainement contribuer à la qualité de son propre cheminement de foi et favoriser la pleine réinsertion sociale de la personne. Interprétant les désirs exprimés par l'assemblée synodale, je demande aux diocèses de faire en sorte que, dans les limites du possible, il y ait un investissement approprié de forces dans l'activité pastorale concernant l'assistance spirituelle des détenus.[179]

[178] Cf. Proposition 44.
[179] Cf. Proposition 48.

Les migrants et la participation à l'Eucharistie

60. Abordant le problème des personnes qui, pour divers motifs, sont contraintes à laisser leur terre, le Synode a exprimé sa particulière gratitude envers ceux qui sont engagés dans l'assistance pastorale des migrants. Dans ce contexte, une attention spécifique doit être portée aux migrants qui appartiennent aux Églises catholiques orientales et pour lesquels, à l'éloignement de chez eux, s'ajoute la difficulté de ne pas pouvoir participer à la liturgie eucharistique selon leur rite d'appartenance. C'est pourquoi, là où c'est possible, on doit leur accorder d'être assistés par des prêtres de leur rite. En tout cas, je demande aux Évêques d'accueillir ces frères dans la charité du Christ. La rencontre entre fidèles de rites différents peut aussi devenir une occasion d'enrichissement mutuel. Je pense en particulier au bénéfice qui peut découler, surtout pour le clergé, de la connaissance des diverses traditions.[180]

Les grandes concélébrations

61. L'assemblée synodale a pris en considération la qualité de la participation dans les grandes

[180] Cette connaissance peut aussi être effectuée au cours des années de formation des candidats au sacerdoce, dans le séminaire, à travers des initiatives opportunes: cf. Proposition 45.

célébrations qui se déroulent dans des circonstances particulières, où il y a aussi, en plus d'un grand nombre de fidèles, beaucoup de prêtres concélébrants.[181] Il est facile, d'une part, de reconnaître la valeur de ces moments, spécialement quand c'est l'Évêque qui préside entouré de son presbytérium et des diacres. D'autre part, en de telles circonstances, des problèmes peuvent se poser quant à l'expression visible de l'unité du presbytérium, spécialement dans la prière eucharistique, et quant à la distribution de la sainte Communion. On doit éviter que ces grandes concélébrations ne créent la dispersion. On pourvoira à cela par des moyens de coordination appropriés et en installant le lieu de culte de manière à permettre aux prêtres et aux fidèles une participation pleine et réelle. Il faut donc se souvenir qu'il s'agit de concélébrations à caractère exceptionnel et limitées à des situations extraordinaires.

La langue latine

62. Ce qui vient d'être dit ne doit pas, toutefois, cacher la valeur de ces grandes liturgies. Je pense en ce moment, en particulier, aux célébrations qui ont lieu durant des rencontres internationales, aujourd'hui toujours plus fréquentes. Elles

[181] Cf. Proposition 37.

doivent justement être mises en valeur. Pour mieux exprimer l'unité et l'universalité de l'Église, je voudrais recommander ce qui a été suggéré par le Synode des Évêques, en harmonie avec les directives du Concile Vatican II: [182] excepté les lectures, l'homélie et la prière des fidèles, il est bon que ces célébrations soient en langue latine; et donc que soient récitées en latin les prières les plus connues[183] de la tradition de l'Église et éventuellement que soient exécutés des pièces de chant grégorien. De façon plus générale, je demande que les futurs prêtres, dès le temps du séminaire, soient préparés à comprendre et à célébrer la Messe en latin, ainsi qu'à utiliser des textes latins et à utiliser le chant grégorien; on ne négligera pas la possibilité d'éduquer les fidèles eux-mêmes à la connaissance des prières les plus communes en latin, ainsi qu'au chant en grégorien de certaines parties de la liturgie.[184]

Célébrations eucharistiques en petits groupes

63. Une situation très différente est créée dans certaines circonstances pastorales où, justement pour une participation plus consciente, plus

[182] Cf. Const. *Sacrosanctum Concilium*, nn. 36 et 54.
[183] Proposition 36.
[184] Cf. *ibidem*.

active et plus fructueuse, les célébrations en petits groupes sont favorisées. Tout en reconnaissant la valeur formatrice sous-jacente à ces choix, il est nécessaire de préciser qu'ils doivent être harmonisés avec l'ensemble de la proposition pastorale du diocèse. En effet, ces expériences perdraient leur caractère pédagogique si elles donnaient l'impression d'être en opposition ou en parallèle avec la vie de l'Église particulière. À ce sujet, le Synode a souligné quelques critères auxquels se conformer: les petits groupes doivent servir à unifier la communauté, non à la fragmenter; cela doit trouver confirmation dans la pratique concrète; ces groupes doivent favoriser la participation fructueuse de l'assemblée tout entière et préserver le plus possible l'unité de la vie liturgique dans chaque famille.[185]

Participation intériorisée à la célébration

Catéchèse mystagogique

64. La grande tradition liturgique de l'Église nous enseigne qu'en vue d'une participation fructueuse, il est nécessaire de s'engager à correspondre personnellement au mystère qui est célébré, par l'offrande à Dieu de sa propre vie, unie au sacrifice du Christ pour le salut du monde entier. Pour cette

[185] Cf. Proposition 32.

raison, le Synode des Évêques a recommandé de s'assurer de l'accord profond des gestes et des paroles des fidèles avec leurs dispositions intérieures. Si cela faisait défaut, nos célébrations, bien que vivantes, s'exposeraient à la dérive du ritualisme. C'est pourquoi il faut promouvoir une éducation de la foi eucharistique qui dispose les fidèles à vivre personnellement ce qu'ils célèbrent. Face à l'importance essentielle de cette *participatio* personnelle et consciente, quels peuvent être les instruments de formation appropriés? À l'unanimité, les Pères synodaux ont indiqué, à ce sujet, la voie d'une catéchèse à caractère mystagogique, qui pousse les fidèles à entrer toujours mieux dans les mystères qui sont célébrés.[186] En particulier, concernant la relation entre l'*ars celebrandi* et l'*actuosa participatio*, on doit avant tout affirmer que « la meilleure catéchèse sur l'Eucharistie est l'Eucharistie elle-même bien célébrée ».[187] En effet, de par sa nature, la liturgie a son efficacité pédagogique propre pour introduire les fidèles à la connaissance du mystère célébré. Toujours à ce sujet, dans la tradition la plus antique de l'Église, le chemin de formation du chrétien, sans négliger l'intelligence organique du contenu de la foi, comportait toujours un caractère d'initiation où la rencontre vivante et persuasive avec

[186] Cf. Proposition 14.
[187] Proposition 19.

le Christ, annoncé par des témoins authentiques, était déterminante. En ce sens, celui qui introduit aux mystères est avant tout le témoin. Cette rencontre s'approfondit assurément dans la catéchèse et elle trouve sa source et son sommet dans la célébration de l'Eucharistie. De cette structure fondamentale de l'expérience chrétienne, naît l'exigence d'un itinéraire mystagogique, dans lequel trois éléments doivent toujours être présents:

a) Il s'agit d'abord de l'*interprétation des rites à la lumière des événements salvifiques*, conformément à la tradition vivante de l'Église. En effet, la célébration de l'Eucharistie, dans son infinie richesse, contient de continuelles références à l'histoire du salut. Dans le Christ crucifié et ressuscité, il nous est donné de célébrer vraiment le centre qui récapitule toute la réalité (cf. *Ep* 1, 10). Depuis ses origines, la communauté chrétienne a lu les événements de la vie de Jésus, en particulier le mystère pascal, en relation avec toute l'histoire vétéro-testamentaire.

b) La catéchèse mystagogique devra, par ailleurs, se préoccuper d'*introduire au sens des signes* contenus dans les rites. Ce devoir est particulièrement urgent à une époque fortement technicisée comme la nôtre, où il existe un risque de perdre la capacité de percevoir les signes et les symboles. Plutôt que d'informer, la catéchèse mystagogique devra réveiller et éduquer la sensibilité des fidèles au langage des signes et des gestes qui, associés à la parole, constituent le rite.

c) Enfin, la catéchèse mystagogique doit se préoccuper de montrer *la signification des rites en relation avec la vie chrétienne* dans toutes ses dimensions, travail et engagement, réflexion et sentiments, activité et repos. Mettre en évidence le lien des mystères célébrés dans le rite avec la responsabilité missionnaire des fidèles fait partie de cet itinéraire mystagogique. En ce sens, le résultat final de la mystagogie est la conscience que sa propre existence est progressivement transformée par la célébration des saints Mystères. De fait, le but de toute l'éducation chrétienne est de former le fidèle, comme « homme nouveau », à une foi adulte, qui le rend capable de témoigner dans son milieu de l'espérance chrétienne qui l'anime.

Pour pouvoir accomplir, au sein de nos communautés ecclésiales, une telle tâche éducative, il faut disposer de formateurs préparés de manière appropriée. Le peuple chrétien tout entier doit assurément se sentir engagé dans cette formation. Toute communauté chrétienne est appelée à être un lieu d'introduction pédagogique aux mystères qui se célèbrent dans la foi. À cet égard, durant le Synode, les Pères ont souligné l'opportunité d'une plus forte implication des Communautés de vie consacrée, des mouvements et des groupes qui, en vertu de leur charisme propre, peuvent offrir un nouvel élan à la formation chrétienne.[188] En notre temps aussi, l'Esprit Saint répand largement ses dons pour soutenir la mission apostolique de l'Église, à laquelle il revient de diffuser la foi et de l'éduquer jusqu'à sa pleine maturité.[189]

Le respect envers l'Eucharistie

65. Un signe convaincant que la catéchèse eucharistique est efficace chez les fidèles est certainement la croissance, en eux, du sens du mystère de Dieu présent parmi nous. Cela peut être vérifié à travers des manifestations spécifiques de respect envers l'Eucharistie, auxquelles le parcours mystagogique doit introduire les fidèles.[190] Je pense, d'une manière générale, à l'importance des gestes et des postures, comme le fait de s'agenouiller pendant les moments centraux de la prière eucharistique. En s'adaptant à la légitime diversité des signes qui sont posés dans le contexte des différentes cultures, que chacun vive et exprime la conscience de se trouver dans toute célébration devant la majesté infinie de Dieu, qui nous rejoint de manière humble dans les signes sacramentels.

[188] Cf. Proposition 14.

[189] Cf. Benoît XVI, *Homélie pour les premières Vêpres de la Pentecôte* (3 juin 2006): *AAS* 98 (2006), p. 509; *La Documentation catholique* 103 (2006), pp. 625-626.

[190] Cf. Proposition 34.

La relation intrinsèque entre célébration et adoration

66. Un des moments les plus intenses du Synode a eu lieu lorsque nous nous sommes réunis dans la basilique Saint-Pierre, avec de nombreux fidèles, pour l'adoration eucharistique. Par ce geste de prière, l'Assemblée des Évêques a voulu attirer l'attention, et non seulement par des paroles, sur l'importance de la relation intrinsèque entre célébration eucharistique et adoration. Dans cet aspect significatif de la foi de l'Église, se trouve l'un des éléments décisifs du chemin ecclésial, réalisé après la réforme liturgique voulue par le Concile Vatican II. Alors que la réforme accomplissait ses premiers pas, le rapport intrinsèque entre la Messe et l'adoration du Saint-Sacrement ne fut parfois pas assez clairement perçu. Une objection alors diffuse se faisait jour, par exemple, dans l'affirmation selon laquelle le Pain eucharistique ne nous serait pas donné pour être contemplé, mais pour être mangé. En réalité, à la lumière de l'expérience de prière de l'Église, une telle opposition se révélait privée de tout fondement. Déjà saint Augustin avait dit: « *nemo autem illam carnem manducat, nisi prius adoraverit;... peccemus non adorando* – Que personne ne mange cette chair sans d'abord l'adorer;... nous pécherions si nous ne l'adorions pas ».[191] Dans l'Eucharistie, en effet, le Fils de Dieu vient à notre rencontre et désire s'unir à nous; l'adoration eucharistique n'est rien d'autre que le développement explicite de la célébration eucharistique, qui est en elle-même le plus grand acte d'adoration de l'Église.[192] Recevoir l'Eucharistie signifie se mettre en attitude d'adoration envers Celui que nous recevons. C'est ainsi, et seulement ainsi, que nous devenons un seul être avec Lui et que nous goûtons par avance, d'une certaine façon, la beauté de la liturgie céleste. L'acte d'adoration en dehors de la Messe prolonge et intensifie ce qui est réalisé durant la Célébration liturgique elle-même. En fait, « ce n'est que dans l'adoration que peut mûrir un accueil profond et vrai. Et c'est bien par cet acte personnel de rencontre avec le Seigneur que mûrit ensuite la mission sociale qui est renfermée dans l'Eucharistie et qui veut briser les barrières non seulement entre le Seigneur et nous, mais aussi et surtout les barrières qui nous séparent les uns des autres ».[193]

[191] *Enarrationes in Psalmos* 98, 9 *CCL* XXXIX, 1385; Cf. Benoît XVI, *Discours à la Curie romaine* (22 décembre 2005) : *AAS* 98 (2006), pp. 44-45; *La Documentation catholique* 103 (2006), pp. 58-59.

[192] Cf. Proposition 6.

[193] Benoît XVI, *Discours à la Curie romaine* (22 décembre 2005): *AAS* 98 (2006), p. 45; *La Documentation catholique* 103 (2006), p. 59.

67. Avec l'assemblée synodale, je recommande donc vivement aux Pasteurs de l'Église et au peuple de Dieu la pratique de l'adoration eucharistique, qu'elle soit personnelle ou communautaire.[194] À ce propos, une catéchèse adaptée, dans laquelle on explique aux fidèles l'importance de cet acte du culte qui permet de vivre plus profondément et avec davantage de fruit la célébration liturgique elle-même, sera d'une grande utilité. Dans les limites du possible, surtout dans les zones les plus peuplées, il conviendra de réserver tout spécialement à l'adoration perpétuelle des églises et des chapelles. En outre, je recommande que dans la formation catéchétique, en particulier dans les parcours de préparation à la Première Communion, les enfants soient initiés au sens et à la beauté du fait de se tenir en compagnie de Jésus, en cultivant l'admiration pour sa présence dans l'Eucharistie.

Je voudrais ici exprimer mon admiration et mon soutien envers tous les Instituts de vie consacrée, dont les membres vouent une partie

[194] Cf. Proposition 6; CONGRÉGATION POUR LE CULTE DIVIN ET LA DISCIPLINE DES SACREMENTS, *Directoire sur la piété populaire et la liturgie. Principes et orientations* (17 décembre 2001), nn. 164-165, Paris (2003), pp. 136-138; SACRÉE CONGRÉGATION DES RITES, Instr. *Eucharisticum Mysterium* (25 mai 1967): *AAS* 57 (1967); pp. 539-573, *La Documentation catholique* 64 (1967), col. 1091-1122.

significative de leur temps à l'adoration eucharistique. De cette façon, ils offrent à tous l'exemple de personnes qui se laissent transformer par la présence réelle du Seigneur. Je désire également encourager les associations de fidèles, de même que les confréries, qui accomplissent cette pratique comme leur tâche particulière, devenant ainsi ferment de contemplation pour toute l'Église et rappel de la place centrale du Christ pour la vie des personnes et des communautés.

Les formes de dévotion eucharistique

68. Le rapport personnel que chacun des fidèles instaure avec Jésus, présent dans l'Eucharistie, le renvoie toujours à l'ensemble de la communion ecclésiale, en nourrissant en lui la conscience de son appartenance au Corps du Christ. C'est pourquoi, outre le fait d'inviter chaque fidèle à trouver personnellement du temps à passer en prière devant le Sacrement de l'autel, il est de mon devoir de solliciter les paroisses elles-mêmes et les autres groupes ecclésiaux pour que soient promus des moments d'adoration communautaire. Évidemment, les formes déjà existantes de dévotion eucharistique conservent toute leur valeur. Je pense, par exemple, aux processions eucharistiques, surtout à la traditionnelle procession de la solennité du *Corpus Domini*, à la pieuse pratique des Quarante-Heures, aux congrès eucharistiques locaux, nationaux ou internationaux, et aux autres initiatives analogues. Opportunément rénovées et adaptées aux diverses circonstances, de telles formes de dévotion méritent d'être aujourd'hui encore cultivées.[195]

Le lieu du tabernacle dans l'église

69. En relation avec l'importance de la réserve eucharistique et de l'adoration, ainsi que du respect envers le sacrement du Sacrifice du Christ, le Synode des Évêques s'est interrogé sur la juste place du tabernacle à l'intérieur de nos églises.[196] Sa localisation correcte aide en effet à reconnaître la présence réelle du Christ dans le Saint-Sacrement. Il est donc nécessaire que le lieu où sont conservées les espèces eucharistiques soit facilement identifiable par quiconque entre dans une église, grâce aussi à la traditionnelle veilleuse. À cette fin, il faut tenir compte de la disposition architecturale de l'édifice sacré: dans les églises où la chapelle du Saint-Sacrement n'existe pas, et où demeure l'autel majeur avec le tabernacle, il est opportun de

[195] Cf. *Relatio post disceptationem*, n. 11: *L'Osservatore Romano en langue française*, n. 46 (15 novembre 2005), p. 8.

[196] Cf. Proposition 28.

continuer à se servir d'une telle structure pour la conservation et l'adoration de l'Eucharistie, en évitant que le siège du célébrant ne soit placé devant. Dans les nouvelles églises, il est bon de disposer la chapelle du Saint-Sacrement à proximité du chœur; là où cela n'est pas possible, il est préférable de situer le tabernacle dans le chœur, en un lieu suffisamment élevé, au centre de la zone absidiale ou en un autre lieu où il soit également bien visible. De tels moyens concourent à conférer sa dignité au tabernacle, qui doit toujours être soigné, même sur le plan artistique. Il est naturellement nécessaire de tenir compte à ce sujet de ce que dit la *Présentation générale du Missel romain*.[197] Le jugement final en la matière revient donc à l'Évêque.

[197] Cf. n. 314.

TROISIÈME PARTIE

EUCHARISTIE, MYSTÈRE À VIVRE

« De même que le Père, qui est vivant, m'a envoyé, et que moi je vis par le Père, de même aussi celui qui me mangera vivra par moi » (*Jn* 6, 57)

Forme eucharistique de la vie chrétienne

Le culte spirituel – logiké latreía (*Rm* 12, 1)

70. Parlant du don de sa vie, le Seigneur Jésus, qui s'est fait pour nous nourriture de vérité et d'amour, nous assure que « si quelqu'un mange de ce pain, il vivra éternellement » (*Jn* 6, 51). Mais cette « vie éternelle » commence déjà en nous en ce temps, à travers le changement que le don eucharistique engendre en nous: « Celui qui me mangera vivra par moi » (*Jn* 6, 57). Ces paroles de Jésus nous font comprendre que le mystère « auquel on croit » et « qui est célébré » possède en lui-même un dynamisme qui en fait le principe de la vie nouvelle en nous et la forme de l'existence chrétienne. En communiant au Corps et au Sang de Jésus Christ, nous sommes en effet rendus participants de la vie divine de façon toujours plus adulte et plus consciente. Cela vaut aussi de ce que saint Augustin, dans ses *Confessions*, disait du *logos* éternel, nourriture de l'âme; mettant en relief le caractère paradoxal de cette nourriture, le saint Docteur imagine s'entendre dire: «Je suis la nourriture des grands. Grandis, et tu me mangeras, tu ne me transformeras pas en toi, telle la nourriture de ta chair; mais c'est en moi que tu te transformeras»[198]. De fait, ce n'est pas l'aliment eucharistique qui se transforme en nous, mais c'est nous qui sommes mystérieusement changés par lui. Le Christ nous nourrit en nous unissant à lui; «il nous attire en lui».[199]

La célébration eucharistique apparaît ici, dans toute sa force, en tant que source et sommet de l'existence chrétienne, étant en même temps le commencement et l'accomplissement du culte nouveau et définitif, la *logiké latreía*.[200] Les paroles de saint Paul aux Romains à ce sujet sont la formulation la plus synthétique de la façon dont l'Eucharistie transforme toute notre vie en culte spirituel agréable à Dieu: «Je vous exhorte, mes frères, par

[198] VII, 10, 16 : *PL* 32, 742; *Œuvres I*, Paris (1998), p. 918.

[199] Benoît XVI, *Homélie sur l'esplanade de Marienfeld*, (21 août 2005): *AAS* 97 (2005), p. 891; *La Documentation catholique* 102 (2005), p. 910; *Homélie de la veille de la Pentecôte* (3 juin 2006): *AAS* 98 (2006), p. 505; *La Documentation catholique* 103 (2006), p. 623.

[200] Cf. *Relatio post disceptationem*, 6.47: *L'Osservatore Romano en langue française*, n. 46 (2005), p. 10; Proposition 43.

la tendresse de Dieu, à lui offrir vos corps en sacrifice saint, capable de plaire à Dieu: c'est là le culte spirituel que vous avez à rendre» (*Rm* 12, 1). Dans cette exhortation, apparaît l'image du culte nouveau comme offrande totale de la personne en communion avec toute l'Église. L'insistance de l'Apôtre sur l'offrande de nos corps souligne le caractère concret et humain d'un culte qui n'a rien de désincarné. À ce sujet, le saint d'Hippone nous rappelle encore que dans «le sacrifice des chrétiens, tout nombreux que nous sommes, nous ne formons dans le Christ qu'un seul corps, et c'est ce sacrifice-là – connu des fidèles – que chaque jour renouvelle l'Église, se découvrant offerte dans cela même qu'elle offre».[201] La doctrine catholique affirme de fait que l'Eucharistie, en tant que sacrifice du Christ, est également le sacrifice de l'Église, et donc des fidèles.[202] L'insistance sur le sacrifice – «rendre sacré» – dit ici toute la densité existentielle impliquée dans la transformation de notre réalité humaine saisie par le Christ (cf. *Ph* 3, 12).

Efficacité intégrale du culte eucharistique

71. Le nouveau culte chrétien englobe tous les aspects de l'existence, en la transfigurant: «Tout

[201] *De civitate Dei*, X, 6: *PL* 41, 284; *Œuvres II*, Paris (2000), p. 379.
[202] Cf. *Catéchisme de l'Église catholique*, n. 1368.

ce que vous faites: manger, boire, ou n'importe quoi d'autre, faites-le pour la gloire de Dieu» (*1 Co* 10, 31). En tout acte de la vie, le chrétien est appelé à exprimer le vrai culte rendu à Dieu. C'est ici que prend forme la nature intrinsèquement eucharistique de la vie chrétienne. Puisqu'elle implique la réalité humaine du croyant dans le concret du quotidien, l'Eucharistie rend possible, jour après jour, la transfiguration progressive de l'homme, appelé par grâce à être à l'image du Fils de Dieu (cf. *Rm* 8, 29s). Il n'y a rien d'authentiquement humain – pensées et sentiments, paroles et actes – qui ne trouve dans le sacrement de l'Eucharistie la forme appropriée pour être vécu en plénitude. Ici apparaît toute la valeur anthropologique de la nouveauté radicale apportée par le Christ dans l'Eucharistie: le culte rendu à Dieu dans l'existence humaine ne peut pas être cantonné à un moment particulier et privé, mais il tend de par sa nature à envahir chaque aspect de la réalité de la personne. Le culte agréable à Dieu devient ainsi une nouvelle façon de vivre toutes les circonstances de l'existence où toute particularité est exaltée en tant qu'elle est vécue dans la relation avec le Christ et offerte à Dieu. «La gloire de Dieu c'est l'homme vivant, et la vie de l'homme c'est la vision de Dieu».[203]

[203] S. Irénée, *Adversus Haereses* IV, 20, 7: *PG* 7, 1037; *SCh* 100/ 2 (1965), p. 649.

« Iuxta dominicam viventes » – Vivre selon le dimanche

72. La nouveauté radicale que l'Eucharistie introduit dans la vie de l'homme s'est révélée à la conscience chrétienne dès les origines. Les fidèles ont immédiatement perçu l'influence profonde que la célébration eucharistique exerçait sur leur style de vie. Saint Ignace d'Antioche exprimait cette vérité en qualifiant ainsi les chrétiens: ceux qui « sont venus à la nouvelle espérance »; il les présentait comme ceux qui vivent « selon le dimanche » (*iuxta dominicam viventes*).[204] Cette formule du grand martyr d'Antioche met clairement en lumière le lien entre la réalité eucharistique et l'existence chrétienne dans son caractère quotidien. L'habitude caractéristique des chrétiens de se réunir le premier jour après le sabbat pour célébrer la résurrection du Christ – selon le récit de saint Justin martyr[205] – est également l'élément qui définit la forme de l'existence renouvelée par la rencontre avec le Christ. La formule de saint Ignace – « Vivre selon le dimanche » – souligne aussi la valeur paradigmatique que possède ce jour saint par rapport à tout autre jour de la semaine. En effet, il ne se distingue pas par la simple suspension des activités habituelles, comme une sorte de parenthèse dans le rythme

[204] *Lettre aux Magnésiens*, 9, 1: *PG* 5, 670; *SCh* 10, p. 103.

[205] Cf. *1ère Apologie* 67, 1-6: *PG* 6, 430 s. 427.430; *Ichtus/Les Pères dans la foi*, Paris (1982), pp. 94-95.

normal des jours. Les chrétiens ont toujours ressenti ce jour comme le premier de la semaine, parce qu'en lui on fait mémoire de la nouveauté radicale apportée par le Christ. Le dimanche est donc le jour où le chrétien retrouve la forme eucharistique de son existence, selon laquelle il est appelé à vivre constamment. « Vivre selon le dimanche » signifie vivre dans la conscience de la libération apportée par le Christ et accomplir son existence comme l'offrande de soi à Dieu, pour que sa victoire se manifeste pleinement à tous les hommes à travers une conduite intimement renouvelée.

Vivre le précepte dominical

73. Conscients de ce nouveau principe de vie que l'Eucharistie apporte au chrétien, les Pères synodaux ont rappelé l'importance pour tous les fidèles du précepte dominical comme source de liberté authentique, pour pouvoir vivre tous les autres jours selon ce qu'ils ont célébré le « Jour du Seigneur ». En effet, la vie de foi est en danger quand on ne ressent plus le désir de participer à la célébration eucharistique où l'on fait mémoire de la victoire pascale. Participer à l'assemblée liturgique dominicale, avec tous nos frères et sœurs qui forment un unique corps dans le Christ Jésus, est requis par la conscience chrétienne et, en même temps, forme la conscience chrétienne. Perdre le sens du dimanche comme Jour du Seigneur à sanctifier est le symptôme d'une perte du sens authentique de la liberté chrétienne, la liberté des fils de Dieu.[206] À ce sujet, les observations concernant les différentes dimensions du dimanche pour les chrétiens faites par mon prédécesseur Jean-Paul II, dans la Lettre apostolique *Dies Domini*,[207] restent précieuses: le dimanche est *Dies Domini*, en référence à l'œuvre de la création; il est *Dies Christi* en tant que jour de la nouvelle création et du don que le Seigneur Ressuscité fait de l'Esprit Saint; il est *Dies Ecclesiae* comme jour où la communauté chrétienne se retrouve pour la célébration; il est *Dies hominis* comme jour de joie, de repos et de charité fraternelle.

Un tel jour se manifeste donc comme la fête primordiale, où tout fidèle peut se faire, dans le milieu où il vit, annonciateur et gardien du sens du temps. De ce jour, en effet, naît le sens chrétien de l'existence et une nouvelle manière de vivre le temps, les relations, le travail, la vie et la mort. Il est donc bon que, le Jour du Seigneur, les réalités ecclésiales organisent, autour de la célébration eucharistique dominicale, des manifestations propres à la communauté chrétienne: rencontres amicales, ini-

[206] Cf. Proposition 30.

[207] Cf. *AAS* 90 (1998), pp. 713-766; *La Documentation catholique* 95 (1998), pp. 658-681.

tiatives pour la formation chrétienne des enfants, des jeunes et des adultes, pèlerinages, œuvres de charité et différentes rencontres de prière. En raison de ces valeurs si importantes – bien que le samedi soir, à partir des premières Vêpres, appartienne déjà au dimanche et qu'il soit donc permis d'y accomplir le précepte dominical –, il est nécessaire de rappeler que c'est le dimanche en lui-même qui mérite d'être sanctifié, afin qu'il ne finisse pas par devenir un jour « vide de Dieu ».[208]

Le sens du repos et du travail

74. Enfin, il est particulièrement urgent, à notre époque, de rappeler que le Jour du Seigneur est aussi le jour du repos par rapport au travail. Nous souhaitons vivement que cela soit aussi reconnu comme tel par la société civile, de sorte qu'il soit possible d'être libre des activités du travail sans être pour autant pénalisé. En effet, les chrétiens, en relation avec la signification du sabbat dans la tradition juive, ont toujours vu également dans le Jour du Seigneur le jour du repos du labeur quotidien. Cela a un sens précis, constituant une *relativisation du travail*, qui est ordonné à l'homme: le travail est pour l'homme et non l'homme pour le travail. Il est facile de saisir la protection qui en découle pour

[208] Proposition 30.

l'homme lui-même, qui est ainsi émancipé d'une possible forme d'esclavage. Comme j'ai eu l'occasion de l'affirmer, « le travail est de première importance pour la réalisation de l'homme et pour le développement de la société, et c'est pourquoi il convient qu'il soit toujours organisé et accompli dans le plein respect de la dignité humaine et au service du bien commun. En même temps, il est indispensable que l'homme ne se laisse pas asservir par le travail, qu'il n'en fasse pas une idole, prétendant trouver en lui le sens ultime et définitif de la vie ».[209] C'est dans le jour consacré à Dieu que l'homme comprend le sens de son existence ainsi que de son travail.[210]

Assemblées dominicales en l'absence de prêtre

75. Redécouvrant le sens de la célébration dominicale pour la vie des chrétiens, il est naturel de se poser le problème de ces communautés chrétiennes où manque le prêtre et où il n'est donc pas

[209] *Homélie* (19 mars 2006): *AAS* 98 (2006), p. 324; *L'Osservatore Romano en langue française*, n. 12 (2006), p. 2.

[210] Le *Compendium de la doctrine sociale de l'Église* remarque avec raison: « Le repos ouvre à l'homme, lié à la nécessité du travail, la perspective d'une liberté plus pleine, celle du Sabbat éternel (cf. *He* 4, 9-10). Le repos permet aux hommes d'évoquer et de revivre les œuvres de Dieu, de la Création à la Rédemption, de se reconnaître eux-mêmes comme son œuvre (cf. *Ep* 2, 10) et de rendre grâce pour leur vie et leur subsistance, à lui qui en est l'Auteur » (n. 258).

possible de célébrer la Messe le Jour du Seigneur. Il faut dire, à ce propos, que nous nous trouvons face à des situations très différentes les unes des autres. Le Synode a tout d'abord recommandé aux fidèles de se rendre dans une des églises du diocèse où est garantie la présence du prêtre, même quand cela demande un certain sacrifice.[211] Là où, par contre, les grandes distances rendent pratiquement impossible la participation à l'Eucharistie dominicale, il est important que les communautés chrétiennes se rassemblent également pour louer le Seigneur et pour faire mémoire du jour qui lui est consacré. Cela devra cependant se réaliser dans le cadre d'une instruction appropriée sur la différence entre la Messe et les assemblées dominicales en absence de prêtre. Le soin pastoral de l'Église doit s'exprimer dans ce cas en veillant à ce que la liturgie de la Parole, organisée sous la présidence d'un diacre ou d'un responsable de la communauté à qui ce ministère a été régulièrement confié par l'autorité compétente, se déroule selon un rituel spécifique, élaboré par les Conférences épiscopales et approuvé par elles à cette fin.[212] Je rappelle que concéder la faculté de distribuer la communion dans ces liturgies revient aux Ordinaires, qui évalueront attentivement l'opportunité des choix à ef-

[211] Cf. Proposition 10.
[212] Cf. *ibidem*.

fectuer. En outre, on doit faire en sorte que de telles assemblées n'entraînent pas de confusion sur le rôle central du prêtre et sur l'aspect sacramentel dans la vie de l'Église. L'importance du rôle des laïcs, que l'on doit justement remercier de leur générosité au service des communautés chrétiennes, ne peut jamais occulter le ministère irremplaçable des prêtres pour la vie de l'Église.[213] On veillera donc avec attention à ce que les assemblées en absence de prêtre ne donnent pas prise à des visions ecclésiologiques qui ne seraient pas fidèles à la vérité de l'Évangile et à la tradition de l'Église. Elles devraient plutôt être des occasions privilégiées de prière adressée à Dieu pour qu'il envoie de saints prêtres selon son cœur. À ce sujet, ce qu'écrivait le Pape Jean-Paul II dans sa *Lettre aux prêtres* pour le Jeudi Saint 1979, rappelant les lieux où les fidèles, privés de prêtre par un régime dictatorial, se réunissaient dans une église ou dans un sanctuaire, mettaient une étole qu'ils conservaient encore et récitaient les prières de la liturgie eucharistique, faisant silence « au moment qui correspondrait à la transsubstantiation », témoignant qu'ils désiraient « ardemment entendre les paroles que seules les lèvres d'un prêtre peuvent prononcer

[213] Cf. BENOÎT XVI, *Discours aux Évêques de la Conférence épiscopale du Canada – Québec en visite ad limina apostolorum* (11 mai 2006): *La Documentation catholique* 103 (2006), pp. 657-658.

efficacement ».[214] Dans cette perspective, étant donné le bien incomparable qui découle de la célébration du Sacrifice eucharistique, je demande à tous les prêtres une disponibilité effective et concrète pour visiter le plus souvent possible les communautés qui sont confiées à leur soin pastoral, pour qu'elles ne restent pas trop longtemps sans le Sacrement de la charité.

Une forme eucharistique de l'existence chrétienne, l'appartenance ecclésiale

76. L'importance du dimanche comme *Dies Ecclesiae* nous renvoie à la relation intrinsèque entre la victoire de Jésus sur le mal et sur la mort et notre appartenance à son Corps ecclésial. En effet, le Jour du Seigneur, tout chrétien retrouve également la dimension communautaire de son existence rachetée. Participer à l'action liturgique, communier au Corps et au Sang du Christ signifie en même temps rendre toujours plus intime et plus profonde son appartenance à Celui qui est mort pour nous (cf. *1 Co* 6, 19s; 7, 23). En vérité, celui qui mange le Christ vit par Lui. Le sens profond de la *communio sanctorum* se comprend en relation avec le Mystère eucharistique. La communion a toujours et insépa-

[214] N. 10: *AAS* 71 (1979), pp. 414-415; *La Documentation catholique* 71 (1979), p. 359.

rablement une connotation verticale et horizontale: communion avec Dieu et communion avec nos frères et sœurs. Les deux dimensions se rencontrent mystérieusement dans le don eucharistique. « Là où se détruit la communion avec Dieu, qui est communion avec le Père, avec le Fils et avec le Saint-Esprit, se détruit aussi la racine et la source de la communion entre nous. Et là où n'est pas vécue la communion entre nous, là non plus la communion avec le Dieu trinitaire n'est ni vivante ni vraie ».[215] Appelés à être membres du Christ et donc membres les uns des autres (cf. *1 Co* 12, 27), nous constituons une réalité ontologiquement fondée sur le Baptême et nourrie par l'Eucharistie, réalité qui demande de trouver une réponse visible dans la vie de nos communautés.

La forme eucharistique de l'existence chrétienne est sans aucun doute une forme ecclésiale et communautaire. À travers le diocèse et les paroisses, en tant que structures de base de l'Église sur un territoire particulier, tout fidèle peut faire une expérience concrète de son appartenance au Corps du Christ. Les associations, les mouvements ecclésiaux et les communautés nouvelles – avec la vivacité de leurs charismes donnés par le Saint-

[215] BENOÎT XVI, *Audience générale du 29 mars 2006*: *L'Osservatore Romano* (30 mars 2006), p. 4; *La Documentation catholique* 103 (2006), p. 417.

Esprit pour notre temps –, de même que les Instituts de vie consacrée, ont le devoir d'offrir leur contribution spécifique pour favoriser chez les fidèles la perception du fait qu'ils sont *du* Seigneur (cf. *Rm* 14, 8). Le phénomène de la sécularisation, qui contient, et ce n'est pas un hasard, des caractères fortement individualistes, produit ses effets délétères surtout chez les personnes qui s'isolent en raison d'un manque de sens de l'appartenance. Depuis ses origines, le christianisme implique toujours une compagnie, un réseau de relations vivifiées continuellement par l'écoute de la Parole, par la célébration eucharistique, et animées par l'Esprit Saint.

Spiritualité et culture eucharistique

77. De manière significative, les Pères synodaux ont affirmé que « les fidèles chrétiens ont besoin d'une compréhension plus profonde des relations entre l'Eucharistie et la vie quotidienne. La spiritualité eucharistique n'est pas seulement participation à la Messe et dévotion au Saint-Sacrement. Elle englobe la vie entière ».[216] Cette insistance revêt pour nous tous aujourd'hui un sens particulier. Il faut reconnaître que l'un des effets les plus graves de la sécularisation, qui vient d'être mentionné, consiste dans le fait d'avoir relégué la

[216] Proposition 39.

foi chrétienne aux marges de l'existence, comme si elle était inutile pour ce qui concerne le déroulement concret de la vie des hommes. L'échec de la manière de vivre « comme si Dieu n'existait pas » est maintenant devant les yeux de tous. Aujourd'hui, il est nécessaire de redécouvrir que Jésus Christ n'est pas une simple conviction privée ou une doctrine abstraite, mais une personne réelle, dont l'insertion dans l'histoire est capable de renouveler la vie de tous. C'est pourquoi l'Eucharistie, comme source et sommet de la vie et de la mission de l'Église, doit se traduire en spiritualité, en vie « selon l'Esprit » (*Rm* 8, 4s; cf. *Ga* 5, 16.25). Il est significatif que saint Paul, dans le passage de la *Lettre aux Romains* où il invite à vivre le nouveau culte spirituel, rappelle en même temps la nécessité du changement dans la manière de vivre et de penser: « Ne prenez pas pour modèle le monde présent, mais transformez-vous en renouvelant votre façon de penser pour savoir reconnaître quelle est la volonté de Dieu: ce qui est bon, ce qui est capable de lui plaire, ce qui est parfait » (12, 2). De cette façon, l'Apôtre des Nations souligne le lien entre le vrai culte spirituel et la nécessité d'une nouvelle manière de percevoir l'existence et de conduire sa vie. Renouveler sa façon de penser fait partie intégrante de la forme eucharistique de la vie chrétienne, « alors nous ne serons plus comme des enfants, nous laissant secouer et mener à la dérive par tous les courants d'idées » (*Ep* 4, 14).

Eucharistie et évangélisation des cultures

78. Il résulte de tout ce qui a été dit que le Mystère eucharistique nous met *en dialogue* avec les différentes cultures, mais aussi en un sens *il les défie*.[217] Il faut reconnaître le caractère interculturel de ce nouveau culte, de cette *logiké latreía*. La présence de Jésus Christ et l'effusion de l'Esprit Saint sont des événements qui peuvent constamment se confronter à toute réalité culturelle, pour y mettre le ferment évangélique. Cela comporte en conséquence l'engagement de promouvoir avec conviction l'évangélisation des cultures, dans la conscience que le Christ lui-même est la vérité de tout homme et de toute l'histoire humaine. L'Eucharistie devient critère de valorisation de tout ce que le christianisme rencontre dans les différentes expressions culturelles. Dans cet important processus, nous pouvons entendre de manière ô combien significative les paroles de saint Paul dans sa *Première Lettre aux Thessaloniciens*: « Discernez la valeur de toute chose. Ce qui est bien, gardez-le » (5, 21).

Eucharistie et fidèles laïcs

79. Dans le Christ, Tête de l'Église qui est son Corps, tous les chrétiens forment « la race

[217] Cf. *Relatio post disceptationem*, n. 30: *L'Osservatore Romano en langue française*, n. 46 (2005), p. 10.

choisie, le sacerdoce royal, la nation sainte, le peuple qui appartient à Dieu pour annoncer ses merveilles» (*1 P* 2, 9). Comme mystère à vivre, l'Eucharistie s'offre à chacun de nous dans la condition où il se trouve, faisant de sa situation existentielle le lieu où il faut vivre quotidiennement la nouveauté chrétienne. Si le Sacrifice eucharistique nourrit et fait grandir en nous ce qui est déjà donné dans le Baptême, par lequel nous sommes tous appelés à la sainteté,[218] alors cela doit apparaître et se manifester précisément dans les situations ou dans les états de vie dans lesquels chaque chrétien se trouve. On devient jour après jour un culte agréable à Dieu en vivant sa vie comme une vocation. Partant de la convocation liturgique, c'est le sacrement de l'Eucharistie lui-même qui nous engage dans la réalité quotidienne pour que tout soit fait à la gloire de Dieu.

Et puisque le monde est «le champ» (*Mt* 13, 38) dans lequel Dieu met ses enfants comme du bon grain, les chrétiens laïcs, en vertu de leur Baptême et de leur Confirmation, et fortifiés par l'Eucharistie, sont appelés à vivre la nouveauté radicale apportée par le Christ précisément au cœur des

[218] Cf. Conc. œcum. Vat. II, Const. dogm. *Lumen gentium*, nn. 39-42.

conditions communes de l'existence.[219] Ils doivent nourrir le désir que l'Eucharistie marque toujours plus profondément leur vie quotidienne, les amenant à être des témoins identifiables dans leur milieu de travail et dans la société tout entière.[220] J'adresse un encouragement particulier aux familles, pour qu'elles puisent inspiration et force dans ce Sacrement. L'amour entre l'homme et la femme, l'accueil de la vie, la tâche éducative, se révèlent être des lieux privilégiés où l'Eucharistie peut manifester sa capacité de transformer et de porter l'existence à sa plénitude de sens.[221] Les Pasteurs ne manqueront jamais de soutenir, d'éduquer et d'encourager les fidèles laïcs à vivre pleinement leur vocation à la sainteté dans le monde, que Dieu a tant aimé jusqu'à donner son Fils pour qu'il en devienne le salut (cf. *Jn* 3, 16).

Eucharistie et spiritualité sacerdotale

80. La forme eucharistique de l'existence chrétienne se manifeste sans aucun doute de façon particulière dans l'état de vie sacerdotale. La spiritualité sacerdotale est intrinsèquement eucharis-

[219] Cf. JEAN-PAUL II, Exhort. apost. post-synodale *Christifideles laici* (30 décembre 1988), nn. 14.16: *AAS* 81 (1989), pp. 409-413; 416-418; *La Documentation catholique* 86 (1989), pp. 158-160.

[220] Cf. Proposition 39.

[221] Cf. *ibidem*.

tique. Le germe de cette spiritualité se trouve déjà dans les paroles que l'Évêque prononce dans la liturgie de l'Ordination: «Recevez l'offrande du peuple saint pour la présenter à Dieu. Ayez conscience de ce que vous ferez, imitez dans votre vie ce que vous accomplirez par ces rites et conformez-vous au mystère de la croix du Seigneur».[222] Pour donner à son existence une forme eucharistique toujours plus accomplie, le prêtre doit faire une large place, dès la période de sa formation puis dans les années qui suivent, à la vie spirituelle.[223] Il est appelé à être en permanence un authentique chercheur de Dieu, tout en restant proche des préoccupations des hommes. Une vie spirituelle intense lui permettra d'entrer plus profondément en communion avec le Seigneur et l'aidera à se laisser prendre par l'amour de Dieu, en devenant son témoin en toute circonstance, même difficile et sombre. Dans ce but, je recommande aux prêtres, avec les Pères du Synode, «la célébration quotidienne de la Messe, même sans la participation de fidèles».[224] Cette recommandation correspond avant tout à la valeur objectivement

[222] Pontifical romain. *L'ordination de l'Évêque, des prêtres, des diacres*, Rite de l'ordination du prêtre, n. 135.

[223] Cf. JEAN-PAUL II, Exhort. apost. post-synodale *Pastores dabo vobis* (25 mars 1992), nn. 19-33; 70-81: *AAS* 84 (1992), pp. 686-712; 778-800; *La Documentation catholique* 89 (1992), pp. 461-470; 492-500.

[224] Proposition 38.

infinie de chaque célébration eucharistique; elle en tire ensuite motif pour une efficacité spirituelle particulière, parce que, si elle est vécue avec attention et avec foi, la Messe est formatrice dans le sens le plus profond du terme, en tant qu'elle promeut la conformation au Christ et qu'elle affermit le prêtre dans sa vocation.

Eucharistie et vie consacrée

81. Dans le cadre des relations entre l'Eucharistie et les différentes vocations ecclésiales resplendit en particulier « le témoignage prophétique des personnes consacrées, qui trouvent dans la célébration eucharistique et dans l'adoration la force pour suivre radicalement le Christ obéissant, pauvre et chaste ».[225] Les personnes consacrées, tout en rendant beaucoup de services dans le domaine de la formation humaine et du soin des pauvres, dans l'enseignement ou dans l'assistance aux malades, savent que le but principal de leur vie est « la contemplation de la vérité divine et l'union constante avec Dieu ».[226] La contribution essentielle que l'Église attend de la vie consacrée est beaucoup plus de l'ordre de l'être que de l'ordre

[225] Proposition 39. Cf. JEAN-PAUL II, Exhort. apost. post-synodale *Vita consecrata* (25 mars 1996), n. 95: *AAS* 88 (1996), pp. 470-471; *La Documentation catholique* 93 (1996), p. 390.

[226] *Code de Droit canonique*, can. 663, § 1.

du faire. À ce propos, je voudrais rappeler l'importance du témoignage de la virginité spécialement en relation avec le mystère de l'Eucharistie. En plus du lien avec le célibat sacerdotal, le Mystère eucharistique a aussi un rapport intrinsèque avec la virginité consacrée, en tant qu'elle est expression du don exclusif de l'Église au Christ, qu'elle accueille comme son Époux avec une fidélité radicale et féconde.[227] Dans l'Eucharistie, la virginité consacrée trouve inspiration et nourriture pour sa donation totale au Christ. Elle tire aussi de l'Eucharistie réconfort et impulsion pour être, en notre temps également, signe de l'amour gratuit et fécond que Dieu a pour l'humanité. Enfin, à travers son témoignage spécifique, la vie consacrée devient objectivement rappel et anticipation des « noces de l'Agneau » (*Ap* 19, 7-9), qui sont le but de toute l'histoire du salut. En ce sens, elle renvoie de manière efficace à l'horizon eschatologique dont tout homme a besoin pour pouvoir orienter les choix et les décisions de sa vie.

Eucharistie et transformation morale

82. Découvrant la beauté de la forme eucharistique de l'existence chrétienne, nous sommes

[227] Cf. JEAN-PAUL II, Exhort. apost. post-synodale *Vita consecrata* (25 mars 1996), n. 34: *AAS* 88 (1996), pp. 407-408; *La Documentation catholique* 93 (1996), p. 364.

amenés également à réfléchir sur les énergies morales qui sont mises en œuvre par cette forme comme soutien de l'authentique liberté des enfants de Dieu. Je souhaite reprendre ici une thématique apparue au cours du Synode concernant le lien entre *forme eucharistique de l'existence* et *transformation morale*. Le Pape Jean-Paul II avait affirmé que la vie morale « a une valeur de "culte spirituel" (*Rm* 12, 1; cf. *Ph* 3, 3), puisé et nourri à la source inépuisable de sainteté et de glorification de Dieu que sont les sacrements, en particulier l'Eucharistie: en effet, participant au Sacrifice de la croix, le chrétien communie à l'amour d'offrande du Christ, et il est habilité et engagé à vivre cette même charité dans tous les actes et tous les comportements de sa vie ».[228] En définitive, « dans le "culte" lui-même, dans la communion eucharistique, sont contenus le fait d'être aimé et celui d'aimer les autres à son tour. Une Eucharistie qui ne se traduit pas en une pratique concrète de l'amour est en elle-même tronquée ».[229]

Ce rappel de la valeur morale du culte spirituel ne doit pas être interprété de façon moralisante. Il s'agit avant tout de la découverte joyeuse du dyna-

[228] Encycl. *Veritatis splendor* (6 août 1993), n. 107: *AAS* 85 (1993), pp. 1216-1217; *La Documentation catholique* 90 (1993), p. 937.

[229] Benoît XVI, Encycl. *Deus caritas est* (25 décembre 2005), n. 14: *AAS* 98 (2006), p. 229; *La Documentation catholique* 103 (2006), p. 173.

misme de l'amour dans un cœur qui accueille le don du Seigneur, qui s'abandonne à lui et qui trouve la vraie liberté. La transformation morale, impliquée dans le nouveau culte institué par le Christ, est une tension et un désir profond de vouloir correspondre à l'amour du Seigneur de tout son être, tout en étant conscient de sa fragilité. Ce dont nous parlons se reflète bien dans le récit évangélique concernant Zachée (cf. *Lc* 19, 1-10). Après avoir accueilli Jésus dans sa maison, le publicain se retrouve complètement transformé: il décide de donner la moitié de ses biens aux pauvres et de rendre le quadruple à ceux qu'il avait volés. La tension morale qui naît de l'accueil de Jésus dans notre vie découle de la gratitude provenant de l'expérience de la proximité du Seigneur, sans aucun mérite de notre part.

Cohérence eucharistique

83. Il est important de relever ce que les Pères synodaux ont appelé *cohérence eucharistique*, à laquelle notre existence est objectivement appelée. En effet, le culte agréable à Dieu n'est jamais un acte purement privé, sans conséquence sur nos relations sociales: il requiert un témoignage public de notre foi. Évidemment, cela vaut pour tous les baptisés, mais s'impose avec une exigence particulière pour ceux qui, par la position sociale ou politique qu'ils occupent, doivent prendre des décisions concernant les valeurs fondamentales, comme le respect et la défense de la vie humaine, de sa conception à sa fin naturelle, comme la famille fondée sur le mariage entre homme et femme, la liberté d'éducation des enfants et la promotion du bien commun sous toutes ses formes.[230] Ces valeurs ne sont pas négociables. Par conséquent, les hommes politiques et les législateurs catholiques, conscients de leur grave responsabilité sociale, doivent se sentir particulièrement interpellés par leur conscience, justement formée, pour présenter et soutenir des lois inspirées par les valeurs fondées sur la nature humaine.[231] Cela a, entre autres, un lien objectif avec l'Eucharistie (cf. *1 Co* 11, 27-29). Les Évêques sont tenus de rappeler constamment ces valeurs; cela fait partie de leur responsabilité à l'égard du troupeau qui leur est confié.[232]

[230] Cf. Jean-Paul II, Encycl. *Evangelium vitae* (25 mars 1995): *AAS* 87 (1995), pp. 401-522; *La Documentation catholique* 92 (1995), pp. 351-404; Benoît XVI, *Discours au Congrès international sur l'embryon humain* (27 février 2006): *AAS* 98 (2006), pp. 263-266; *La Documentation catholique* 103 (2006), pp. 413-415.

[231] Cf. Congrégation pour la Doctrine de la Foi, *Note doctrinale sur l'engagement et le comportement des catholiques dans la vie politique* (24 novembre 2002): *AAS* 96 (2004), pp. 359-370; *La Documentation catholique* 100 (2003), pp. 130-136.

[232] Cf. Proposition 46.

Eucharistie et mission

84. Dans l'homélie de la célébration eucharistique par laquelle j'ai commencé solennellement mon ministère sur la Chaire de Pierre, j'ai dit: « Il n'y a rien de plus beau que d'être rejoints, surpris par l'Évangile, par le Christ. Il n'y a rien de plus beau que de le connaître et de communiquer aux autres l'amitié avec lui ».[233] Cette affirmation acquiert une plus forte intensité si nous pensons au mystère eucharistique. En effet, nous ne pouvons garder pour nous l'amour que nous célébrons dans ce Sacrement. Il demande de par sa nature d'être communiqué à tous. Ce dont le monde a besoin, c'est de l'amour de Dieu, c'est de rencontrer le Christ et de croire en lui. C'est pourquoi l'Eucharistie n'est pas seulement source et sommet de la vie de l'Église; elle est aussi source et sommet de sa mission: « Une Église authentiquement eucharistique est une Église missionnaire ».[234] Nous aussi, nous devons pouvoir dire à nos frères avec conviction: « Ce que nous avons contemplé, ce que nous avons entendu, nous vous l'annonçons à vous aussi, pour que, vous aussi, vous soyez en

[233] *AAS* 97 (2005), p. 711; *La Documentation catholique* 102 (2005), p. 548.
[234] Proposition 42.

communion avec nous » (*1 Jn* 1, 3). En réalité, il n'y a rien de plus beau que de rencontrer le Christ et de le communiquer à tous. L'institution même de l'Eucharistie, du reste, anticipe ce qui constitue le cœur de la mission de Jésus: Il est l'Envoyé du Père pour la rédemption du monde (cf. *Jn* 3, 16-17; *Rm* 8, 32). Au cours de la dernière Cène, Jésus confie à ses disciples le Sacrement qui actualise le sacrifice qu'il a fait de lui-même par obéissance au Père pour notre salut à tous. Nous ne pouvons nous approcher de la Table eucharistique sans nous laisser entraîner dans le mouvement de la mission qui, prenant naissance dans le Cœur même de Dieu, veut rejoindre tous les hommes. La tension missionnaire est donc constitutive de la forme eucharistique de l'existence chrétienne.

Eucharistie et témoignage

85. La mission première et fondamentale qui nous vient des saints Mystères que nous célébrons est de rendre témoignage par notre vie. L'émerveillement pour le don que Dieu nous a fait dans le Christ imprime à notre existence un dynamisme nouveau qui nous engage à être témoins de son amour. Nous devenons témoins lorsque, par nos actions, nos paroles et nos comportements, un Autre transparaît et se communique. On peut dire que le témoignage est le moyen par lequel la vérité de l'amour de Dieu rejoint l'homme dans l'histoire, l'invitant à accueillir librement cette nouveauté radicale. Dans le témoignage, Dieu s'expose, pour ainsi dire, au risque de la liberté de l'homme. Jésus lui-même est le témoin fidèle et véridique (cf. *Ap* 1, 5; 3, 14); il est venu pour rendre témoignage à la vérité (cf. *Jn* 18, 37). Dans cet ordre d'idées, il me tient à cœur de reprendre un concept cher aux premiers chrétiens, mais qui nous touche aussi, nous chrétiens d'aujourd'hui: le témoignage jusqu'au don de soi-même, jusqu'au martyre, a toujours été considéré dans l'histoire de l'Église comme le sommet du nouveau culte spirituel: « Offrez vos corps » (*Rm* 12, 1). Que l'on pense, par exemple, au récit du martyre de saint Polycarpe de Smyrne, disciple de saint Jean: tout le déroulement dramatique est décrit comme une liturgie, et même comme le fait que le martyr lui-même veuille devenir Eucharistie.[235] Pensons aussi à la conscience eucharistique qu'exprime saint Ignace d'Antioche en vue de son martyre: il se considère comme « le froment de Dieu » et il désire devenir dans le martyre le « pur pain du Christ ».[236] Le chrétien qui offre sa vie dans le martyre entre dans la pleine communion avec la Pâque de Jésus Christ

[235] Cf. *Le martyre de saint Polycarpe*, XV, 1: *PG* 5, 1039.1042; *SCh* 10 (1951), pp. 263.265.

[236] S. Ignace d'Antioche, *Lettre aux Romains*, IV, 1: *PG* 5, 690; *SCh* 10 (1951), p. 131.

et devient ainsi lui-même Eucharistie avec Lui. Aujourd'hui encore, les martyrs, en qui se manifeste de manière suprême l'amour de Dieu, ne font pas défaut pas à l'Église. Même quand l'épreuve du martyre ne nous est pas demandée, nous savons bien que le culte agréable à Dieu requiert en profondeur cette disponibilité [237] et qu'il trouve sa réalisation dans le témoignage joyeux et convaincu, devant le monde, d'une vie chrétienne cohérente dans les milieux où le Seigneur nous appelle à l'annoncer.

Jésus Christ, unique Sauveur

86. Souligner le rapport intrinsèque entre Eucharistie et mission nous fait aussi redécouvrir le contenu ultime de notre annonce. Plus l'amour pour l'Eucharistie sera vivant dans le cœur du peuple chrétien, plus le devoir de la mission sera clair pour lui: *porter le Christ.* Ce n'est ni une idée ni un commandement moral inspiré par Lui, mais c'est le don de sa propre Personne. Celui qui ne communique pas la vérité de l'Amour à son frère n'a pas encore donné assez. En tant que sacrement de notre salut, l'Eucharistie nous renvoie ainsi inévitablement au caractère unique du Christ et du

[237] Cf. CONC. ŒCUM. VAT. II, Constit. dogm. *Lumen gentium*, n. 42.

salut qu'il a accompli au prix de son sang. Par conséquent, du Mystère eucharistique, auquel on croit et que l'on célèbre, naît l'exigence d'éduquer constamment tout le monde au travail missionnaire dont le centre est l'annonce de Jésus, unique Sauveur.[238] Cela évitera de réduire à un aspect purement sociologique l'œuvre déterminante de promotion humaine, qui est toujours impliquée dans tout processus authentique d'évangélisation.

Liberté de culte

87. Dans cet esprit, je souhaite faire écho à ce qu'ont affirmé les Pères durant l'assemblée synodale concernant les graves difficultés qui pèsent sur la mission des communautés chrétiennes vivant en situation de minorité ou même privées de liberté religieuse.[239] Nous devons vraiment rendre grâce au Seigneur pour tous les Évêques, les prêtres, les personnes consacrées et les laïcs, qui s'emploient à annoncer l'Évangile et qui vivent leur foi en mettant leur propre vie en danger. Les régions du monde dans lesquelles célébrer ou se rendre à

[238] Cf. Proposition 42; cf. CONGRÉGATION POUR LA DOCTRINE DE LA FOI, Déclaration *Dominus Iesus* sur l'unicité et l'universalité salvifique de Jésus Christ et de l'Église (6 août 2000), nn. 13-15: *AAS* 92 (2000), pp. 754-756; *La Documentation catholique* 97 (2000), pp. 817-818.

[239] Cf. Proposition 42.

l'Église constitue un témoignage héroïque, qui expose la vie de celui qui le fait à l'exclusion et à la violence, ne manquent pas. À ce propos, je veux aussi réaffirmer la solidarité de toute l'Église avec ceux qui souffrent de l'absence de liberté de culte. Là où manque la liberté religieuse, nous le savons, manque en définitive la liberté la plus significative, puisque dans la foi l'homme exprime son intime décision quant au sens ultime de son existence. Prions donc pour que s'élargissent les espaces de la liberté religieuse dans tous les États, afin que les chrétiens, de même que les membres des autres religions, puissent vivre librement leurs convictions, individuellement et en communauté.

Eucharistie, mystère à offrir au monde

Eucharistie, pain rompu pour la vie du monde

88. « Le pain que je donnerai, c'est ma chair, donnée pour que le monde ait la vie » (*Jn* 6, 51). Par ces paroles, le Seigneur révèle la véritable signification du don de sa propre vie pour tous les hommes, nous montrant aussi la profonde compassion qu'Il a pour toute personne. En effet, à de nombreuses reprises, les Évangiles nous rapportent les sentiments de Jésus à l'égard des hommes, tout particulièrement des personnes qui souffrent et des pécheurs (cf. *Mt* 20, 34; *Mc* 6, 34;

Lc 19, 41). À travers un sentiment profondément humain, il exprime l'intention salvifique de Dieu pour tout homme, afin qu'il atteigne la vraie vie. Toute célébration eucharistique actualise sacramentellement le don que Jésus a fait de sa vie sur la croix pour nous et pour le monde entier. En même temps, dans l'Eucharistie, Jésus fait de nous des témoins de la compassion de Dieu pour chacun de nos frères et sœurs. Autour du mystère eucharistique naît ainsi le service de la charité vis-à-vis du prochain, qui « consiste précisément dans le fait que j'aime aussi, en Dieu et avec Dieu, la personne que je n'apprécie pas ou que je ne connais même pas. Cela ne peut se réaliser qu'à partir de la rencontre intime avec Dieu, une rencontre qui est devenue communion de volonté pour aller jusqu'à toucher le sentiment. J'apprends alors à regarder cette autre personne non plus seulement avec mes yeux et mes sentiments, mais selon la perspective de Jésus Christ ».[240] De cette façon, dans les personnes que j'approche, je reconnais des frères et des sœurs pour lesquels le Seigneur a donné sa vie en les aimant « jusqu'au bout » (*Jn* 13, 1). Par conséquent, nos communautés, quand elles célèbrent l'Eucharistie, doivent prendre toujours plus conscience que

[240] Benoît XVI, Encycl. *Deus caritas est* (25 décembre 2005), n. 18: *AAS* 98 (2006), p. 232; *La Documentation catholique* 103 (2006), pp. 174-175.

le sacrifice du Christ est pour tous, et que l'Eucharistie presse alors toute personne qui croit en Lui à se faire « pain rompu » pour les autres et donc à s'engager pour un monde plus juste et plus fraternel. En pensant à la multiplication des pains et des poissons, nous devons reconnaître que le Christ, encore aujourd'hui, continue à exhorter ses disciples à s'engager personnellement: « Donnez-leur vous-mêmes à manger » (*Mt* 14, 16). La vocation de chacun de nous consiste véritablement à être, avec Jésus, *pain rompu pour la vie du monde.*

Les implications sociales du Mystère eucharistique

89. L'union au Christ qui se réalise dans le Sacrement nous ouvre aussi à une nouveauté dans les rapports sociaux: « la "mystique" du Sacrement a un caractère social ». En effet, « l'union au Christ est en même temps union avec tous ceux auxquels il se donne. Je ne peux avoir le Christ pour moi seul; je ne peux lui appartenir qu'en union avec tous ceux qui sont devenus ou qui deviendront siens ».[241] À ce propos, il est nécessaire d'expliciter la relation entre Mystère eucharistique et engagement social. L'Eucharistie est sacrement de communion entre frères et sœurs qui acceptent de se réconcilier dans le Christ, lui qui a fait des Juifs et des païens un seul

[241] *Ibidem*, n. 14.

peuple, abattant le mur d'inimitié qui les séparait (cf. *Ep* 2, 14). C'est seulement cette constante tension en vue de la réconciliation qui permet de communier dignement au Corps et au Sang du Christ (cf. *Mt* 5, 23-24).[242] Par le mémorial de son sacrifice, il renforce la communion entre les frères et, en particulier, il pousse ceux qui sont en conflit à hâter leur réconciliation en s'ouvrant au dialogue et à l'engagement pour la justice. Il est hors de doute que la restauration de la justice, la réconciliation et le pardon sont des conditions pour bâtir une paix véritable.[243] De cette conscience naît la volonté de transformer aussi les structures injustes pour restaurer le respect de la dignité de l'homme, créé à l'image et à la ressemblance de Dieu. C'est au moyen du développement concret de cette responsabilité que l'Eucharistie devient dans la vie ce qu'elle signifie dans la célébration. Comme j'ai eu l'occasion de l'affirmer, ce n'est pas le rôle propre de l'Église de prendre en charge le combat politique pour réaliser la société la plus juste possible; toutefois, elle ne peut et

[242] Au cours de l'assemblée synodale nous avons écouté avec émotion des témoignages très significatifs concernant l'efficacité du sacrement dans l'œuvre de réconciliation. À ce sujet dans la Proposition 49 on affirme: « Grâce aux célébrations eucharistiques, des peuples en conflit ont pu se réunir autour de la Parole de Dieu, écouter son annonce prophétique de la réconciliation par le pardon gratuit, recevoir la grâce de la conversion qui permet la communion au même pain et au même calice ».

[243] Cf. Proposition 48.

ne doit pas non plus rester à l'écart de la lutte pour la justice. L'Église « doit s'insérer en elle par la voie de l'argumentation rationnelle et elle doit réveiller les forces spirituelles, sans lesquelles la justice, qui requiert toujours aussi des renoncements, ne peut s'affirmer ni se développer ».[244]

Dans la perspective de la responsabilité sociale de tous les chrétiens, les Pères synodaux ont rappelé que le sacrifice du Christ est mystère de libération qui nous interpelle et qui nous provoque continuellement. J'adresse donc un appel à tous les fidèles pour qu'ils soient réellement des artisans de paix et de justice: « Celui qui participe à l'Eucharistie doit en effet s'engager à construire la paix dans notre monde marqué par beaucoup de violences et de guerres, et aujourd'hui de façon particulière, par le terrorisme, la corruption économique et l'exploitation sexuelle ».[245] Ce sont tous des problèmes qui, à leur tour, produisent d'autres phénomènes avilissants qui suscitent une vive préoccupation. Nous savons que ces situations ne peuvent être affrontées de façon superficielle. C'est précisément en vertu du Mystère que nous célébrons qu'il nous faut dénoncer les situations qui sont en

[244] Benoît XVI, Encycl. *Deus caritas est* (25 décembre 2005), n. 28: *AAS* 98 (2006), p. 239; *La Documentation catholique* 103 (2006), p. 179.

[245] Cf. Proposition 48.

opposition avec la dignité de l'homme, pour lequel le Christ a versé son sang, affirmant ainsi la haute valeur de toute personne.

La nourriture de la vérité et l'indigence de l'homme

90. Nous ne pouvons rester sans rien faire devant certains processus de mondialisation qui font souvent grandir démesurément, au niveau mondial, l'écart entre riches et pauvres. Nous devons dénoncer ceux qui dilapident les richesses de la terre, provoquant des inégalités qui crient vers le ciel (cf. *Jc* 5, 4). Par exemple, il est impossible de se taire face « aux images bouleversantes des grands camps de personnes déplacées ou de réfugiés – en diverses parties du monde –, rassemblés dans des conditions de fortune, pour échapper à des conditions pires encore, alors qu'ils ont besoin de tout. Ces êtres humains ne sont-ils pas nos frères et nos sœurs? Leurs enfants ne sont-ils pas venus au monde avec les mêmes attentes légitimes de bonheur que les autres? ».[246] Le Seigneur Jésus, Pain de vie éternelle, nous pousse à être attentifs aux situations de misère dans lesquelles se trouve encore une grande partie de l'humanité: ce sont

[246] Cf. BENOÎT XVI, *Discours au Corps diplomatique accrédité près le Saint-Siège* (9 janvier 2006): *AAS* 98 (2006), p. 127; *La Documentation catholique* 103 (2006), p. 106.

des situations dont la cause implique souvent une responsabilité claire et inquiétante des hommes. En effet, « sur la base des données statistiques disponibles, on peut affirmer que moins de la moitié des immenses sommes globalement destinées aux armements serait plus que suffisante pour que l'immense armée des pauvres soit tirée de l'indigence, et cela de manière stable. La conscience humaine en est interpellée. Pour les populations qui vivent en dessous du seuil de pauvreté, plus en raison de situations qui dépendent des relations internationales politiques, commerciales et culturelles qu'en raison de circonstances incontrôlées, notre engagement commun dans la vérité peut et doit donner de nouvelles espérances ».[247]

La nourriture de la vérité nous pousse à dénoncer les situations indignes de l'homme, dans lesquelles on meurt par manque de nourriture en raison de l'injustice et de l'exploitation, et elle nous donne des forces et un courage renouvelés pour travailler sans répit à l'édification de la civilisation de l'amour. Depuis les origines, les chrétiens se sont préoccupés de partager leurs biens (cf. *Ac* 4, 32) et d'aider les pauvres (cf. *Rm* 15, 26). La quête qui est recueillie dans les assemblées liturgiques en est un souvenir vivant, mais elle est aussi une nécessité très actuelle. Les institutions ecclésiales de

[247] *Ibidem.*

bienfaisance, en particulier la *Caritas* à divers niveaux, réalisent le précieux service d'aider les personnes dans le besoin, surtout les plus pauvres. Tirant leur inspiration de l'Eucharistie, qui est le sacrement de la charité, elles en deviennent l'expression concrète; elles méritent donc approbation et encouragement pour leur engagement de solidarité dans le monde.

La doctrine sociale de l'Église

91. Le mystère de l'Eucharistie nous rend aptes et nous pousse à un engagement courageux dans les structures de notre monde, pour y apporter la nouveauté de relations qui a sa source inépuisable dans le don de Dieu. La prière que nous reprenons à chaque Messe: « Donne-nous notre pain de ce jour », nous oblige à faire tout notre possible, en collaboration avec les institutions internationales, publiques et privées, pour que cesse ou au moins pour que diminue dans le monde le scandale de la faim et de la sous-alimentation dont souffrent des millions de personnes, surtout dans les pays en voie de développement. Le chrétien laïc en particulier, formé à l'école de l'Eucharistie, est appelé à assumer directement sa responsabilité politique et sociale. Pour qu'il puisse accomplir ses tâches d'une manière appropriée, il convient de le préparer par une éducation concrète à la charité et à la justice. C'est pourquoi, comme le Synode l'a demandé, il est nécessaire que, dans les diocèses et dans les communautés chrétiennes, on fasse connaître et on promeuve la doctrine sociale de l'Église.[248] Dans ce patrimoine précieux, provenant de la plus antique tradition ecclésiale, nous trouvons les éléments qui orientent, de manière très sage, le comportement des chrétiens face aux questions sociales brûlantes. Cette doctrine, mûrie tout au long de l'histoire bimillénaire de l'Église, se caractérise par son réalisme et son équilibre, aidant ainsi à éviter les compromis erronés ou les vagues utopies.

Sanctification du monde et sauvegarde de la création

92. Enfin, pour développer une spiritualité eucharistique profonde, capable aussi de peser significativement sur le tissu social, il est nécessaire que le peuple chrétien, qui rend grâce par l'Eucharistie, ait conscience de le faire au nom de la création tout entière, aspirant ainsi à la sanctification du monde et travaillant intensément à cette fin.[249] L'Eucharistie elle-même éclaire d'une lumière puissante l'histoire humaine et tout le cosmos.

[248] Cf. Proposition 48. Dans cette perspective, le *Compendium de la doctrine sociale de l'Église* se révèle particulièrement utile.
[249] Cf. Proposition 43.

Dans cette perspective sacramentelle, nous apprenons, jour après jour, que tout événement ecclésial possède le caractère de signe, par lequel Dieu se communique lui-même et nous interpelle. Ainsi, la forme eucharistique de l'existence peut vraiment favoriser un authentique changement de mentalité dans la façon dont nous lisons l'histoire et le monde. La liturgie elle-même nous éduque à tout cela quand, durant la présentation des dons, le prêtre adresse à Dieu une prière de bénédiction et de demande en relation avec le pain et le vin, « fruit de la terre », « de la vigne » et du « travail des hommes ». Par ces paroles, en plus d'impliquer dans l'offrande à Dieu toute l'activité et l'effort humains, le rite nous pousse à considérer la terre comme création de Dieu, qui produit pour nous ce dont nous avons besoin pour notre subsistance. La terre n'est pas une réalité neutre, une simple matière à utiliser indifféremment selon l'instinct humain. Elle se place au cœur même du bon dessein de Dieu, par lequel nous sommes tous appelés à être fils et filles dans l'unique Fils de Dieu, Jésus Christ (cf. *Ep* 1, 4-12). Les légitimes préoccupations concernant les conditions écologiques de la création en de nombreuses parties du monde trouvent des points d'appui dans la perspective de l'espérance chrétienne, qui nous engage à œuvrer de manière responsable pour la sauvegarde de la création.[250] Dans la relation entre l'Eucharistie et le cosmos, en effet, nous découvrons l'unité du dessein de Dieu et nous sommes portés à saisir la profonde relation entre la création et la « nouvelle création », inaugurée dans la résurrection du Christ, nouvel Adam. Nous y participons déjà maintenant en vertu du Baptême (cf. *Col* 2, 12s); ainsi, pour notre vie chrétienne nourrie de l'Eucharistie, s'ouvre la perspective du monde nouveau, du ciel nouveau et de la terre nouvelle, où la Jérusalem nouvelle descend du ciel, de chez Dieu, « toute prête, comme une fiancée parée pour son époux » (*Ap* 21, 2).

Utilité d'un Compendium eucharistique

93. Au terme de ces réflexions, dans lesquelles j'ai voulu m'arrêter sur les orientations apparues durant le Synode, je désire accueillir aussi la demande que les Pères ont faite pour aider le peuple chrétien à croire, à célébrer et à vivre toujours mieux le Mystère eucharistique. Un *Compendium* sera publié par les soins des Dicastères compétents; il comprendra des textes du *Catéchisme de l'Église catholique*, des prières, des explications des Prières eucharistiques du Missel et tout ce qui pourra se révéler utile pour la compréhension cor-

[250] Cf. Proposition 47.

recte, pour la célébration et pour l'adoration du Sacrement de l'autel.[251] Je souhaite que cet instrument puisse contribuer à faire en sorte que le mémorial de la Pâque du Seigneur devienne chaque jour davantage source et sommet de la vie et de la mission de l'Église. Cela stimulera tous les fidèles à faire de leur vie un véritable culte spirituel.

[251] Cf. Proposition 17.

CONCLUSION

94. Chers frères et sœurs, l'Eucharistie est à l'origine de toute forme de sainteté et chacun de nous est appelé à une plénitude de vie dans l'Esprit Saint. Combien de saints ont rendu leur vie authentique grâce à leur piété eucharistique! De saint Ignace d'Antioche à saint Augustin, de saint Antoine, Abbé, à saint Benoît, de saint François d'Assise à saint Thomas d'Aquin, de sainte Claire d'Assise à sainte Catherine de Sienne, de saint Pascal Baylon à saint Pierre-Julien Eymard, de saint Alphonse-Marie de Liguori au bienheureux Charles de Foucauld, de saint Jean-Marie Vianney à sainte Thérèse de Lisieux, de saint Pio de Pietrelcina à la bienheureuse Teresa de Calcutta, du bienheureux Piergiorgio Frassati au bienheureux Ivan Mertz, pour n'en citer que quelques-uns parmi les très nombreux noms, la sainteté a toujours trouvé son centre dans le sacrement de l'Eucharistie.

Il est donc nécessaire que, dans l'Église, ce très saint Mystère soit vraiment objet de foi, célébré avec dévotion et vécu intensément. Le don que Jésus fait de lui-même dans le Sacrement mémorial de sa passion nous atteste que la réussite de notre vie réside dans la participation à la vie trinitaire, qui en Lui nous est offerte de façon définitive et efficace. La célébration et l'adoration de l'Eucharistie nous permettent de nous approcher de l'amour de Dieu et d'y adhérer personnellement jusqu'à l'union avec le Seigneur bien-aimé. L'offrande de notre vie, la communion avec toute la communauté des croyants et la solidarité avec tout homme sont des aspects inséparables de la *« logiké latreía »*, du culte spirituel, saint et agréable à Dieu (cf. *Rm* 12, 1), dans lequel toute notre réalité humaine concrète est transformée pour la gloire de Dieu. J'invite donc tous les pasteurs à porter la plus grande attention à la promotion d'une spiritualité chrétienne authentiquement eucharistique. Les prêtres, les diacres et tous ceux qui exercent un ministère eucharistique pourront toujours tirer de ces services-là, accomplis avec soin et avec une préparation constante, force et stimulant pour leur chemin de sanctification personnel et communautaire. J'exhorte tous les laïcs, les familles en particulier, à trouver continuellement dans le Sacrement de l'amour du Christ l'énergie pour transformer leur vie en un signe authentique de la présence du Seigneur ressuscité. Je demande à toutes les personnes consacrées de montrer par leur vie eucharistique la splendeur et la beauté de leur appartenance totale au Seigneur.

95. Au commencement du quatrième siècle, le culte chrétien était encore interdit par les autorités impériales. Certains chrétiens d'Afrique du Nord, qui se sentaient poussés à célébrer le Jour du Seigneur, défièrent l'interdiction. Ils furent martyrisés alors qu'ils déclaraient qu'il ne leur était pas possible de vivre sans l'Eucharistie, nourriture du Seigneur: *sine dominico non possumus*.[252] Que ces martyrs d'Abitène, unis à tant de saints et de bienheureux qui ont fait de l'Eucharistie le centre de leur vie, intercèdent pour nous et qu'ils nous enseignent à être fidèles dans notre rencontre avec le Christ ressuscité. Nous non plus, nous ne pouvons pas vivre sans participer au Sacrement de notre salut et nous désirons être *iuxta dominicam viventes*, c'est-à-dire traduire dans notre vie ce que nous célébrons dans le Jour du Seigneur. Ce jour, en effet, est le jour de notre libération définitive. Faut-il s'étonner si nous désirons que chaque jour soit vécu selon la nouveauté introduite par le Christ dans le mystère de l'Eucharistie?

96. Que Marie très sainte, Vierge immaculée, arche de l'alliance nouvelle et éternelle, nous ac-

[252] *Martyrium Saturnini, Dativi et aliorum plurimorum,* ch.7, 9, 10: *PL* 8, 707.709-710.

compagne sur ce chemin de la rencontre avec le Seigneur qui vient. En elle, se réalise de la manière la plus parfaite l'essence de l'Église. L'Église voit en Marie, «Femme eucharistique» – comme l'a appelée le Serviteur de Dieu Jean-Paul II[253] –, son icône la mieux réussie et elle la contemple comme modèle irremplaçable de vie eucharistique. C'est pourquoi, en présence du *«verum Corpus natum de Maria Virgine»* sur l'autel, le prêtre, au nom de l'assemblée liturgique, affirme avec les paroles du Canon: «Nous voulons nommer en premier lieu la bienheureuse Marie toujours Vierge, Mère de notre Dieu et Seigneur, Jésus Christ».[254] Son saint nom est invoqué et vénéré aussi dans les canons des traditions chrétiennes orientales. Les fidèles, quant à eux, «recommandent à Marie, Mère de l'Église, leur existence et leur travail. S'efforçant d'avoir les mêmes sentiments que Marie, ils aident toute la communauté à vivre en offrande vivante, agréable au Père».[255] Elle est la *Tota pulchra*, la Toute-belle, puisque resplendit en elle la splendeur de la gloire de Dieu. La beauté de la liturgie céleste, qui doit se refléter aussi dans nos assemblées, trouve en elle un miroir fidèle. Nous devons apprendre d'elle à de-

[253] Cf. JEAN-PAUL II, Encycl. *Ecclesia de Eucharistia* (17 avril 2003), n. 53: *AAS* 95 (2003), p. 469; *La Documentation catholique* 100 (2003), p. 387.

[254] *Prière eucharistique I (Canon romain).*

[255] Proposition 50.

venir nous-mêmes des personnes eucharistiques et ecclésiales pour pouvoir nous aussi, selon la parole de saint Paul, nous présenter « sans tache » devant le Seigneur, comme celui-ci a voulu que nous soyons dès le commencement (cf. *Col* 1, 21; *Ep* 1, 4).[256]

97. Par l'intercession de la Bienheureuse Vierge Marie, que l'Esprit Saint allume en nous la même ardeur dont les disciples d'Emmaüs firent l'expérience (cf. *Lc 24, 13-35)* et qu'il renouvelle dans notre vie l'émerveillement eucharistique pour la splendeur et la beauté qui resplendissent dans le rite liturgique, signe efficace de la beauté infinie elle-même du saint mystère de Dieu. Ces disciples se levèrent et retournèrent en hâte à Jérusalem pour partager leur joie avec leurs frères et leurs sœurs dans la foi. En effet, la vraie joie est de reconnaître que le Seigneur demeure parmi nous, compagnon fidèle de notre chemin. L'Eucharistie nous fait découvrir que le Christ, mort et ressuscité, se manifeste comme notre contemporain dans le mystère de l'Église, son Corps. Nous sommes rendus témoins de ce mystère d'amour. Souhaitons-nous mutuellement d'aller pleins de joie et d'émerveillement vers l'Eucharistie, pour faire l'expérience de la vérité de la Parole par laquelle Jésus se sépara

[256] Cf. Benoît XVI, *Homélie* (8 décembre 2005): AAS 98 (2006), p. 15; *La Documentation catholique* 103 (2006), p. 67.

de ses disciples et pour l'annoncer aux autres: « Je suis avec vous tous les jours jusqu'à la fin du monde » (*Mt* 28, 20).

Donné à Rome, près de Saint-Pierre, le 22 février 2007, fête de la Chaire de saint Pierre Apôtre, en la deuxième année de mon Pontificat.

Benedictus PP XVI

TABLE

PREMIÈRE PARTIE

EUCHARISTIE, MYSTÈRE À CROIRE

TROISIÈME PARTIE

EUCHARISTIE, MYSTÈRE À VIVRE